Sanando un corazón pequeño de una gran pérdida

Cómo ayudar a un niño a superar la muerte de su animal de compañía

Santiago Espinosa de la Torre

Contenido

Sobre mí   V

Introducción   IX

1. Un vínculo especial   1

2. ¿Cómo ayudar a un niño a afrontar el duelo?   10

3. ¿Cómo niños de diferentes edades entienden el duelo   18
    y la muerte?

4. Formas creativas de sentirse seguro psicológicamente   29

5. El duelo en los niños   41

6. ¿Cómo reacciona el cuerpo ante una pérdida?   51

7. Mitos sobre cómo los niños lloran una muerte   60

8. Preguntas frecuentes de los niños y cómo responder-   71
    las

9. ¿Cómo explicar la eutanasia o una muerte repentina   78
    a un niño?

10. El luto en los niños   89

11. ¿Cómo planificar una celebración de vida?   97

12. Formas creativas de conmemorar la vida de un animal   106
     de compañía

13. ¿Cuándo se debe acoger a otro animal de compañía?   114

Conclusión   121

Gracias por leer este libro   126

Más recursos   128

Sobre mí

Mi nombre es Santiago, he trabajado como terapeuta especializado en el tratamiento del duelo animal y he sido voluntario durante varios años.

Mi trayectoria vital

Mi historia de duelo empezó cuando perdí a mi querido compañero canino Lewis cuando tenía solamente 10 años, muchas personas creen que era muy joven para estar en duelo, sin embargo, era mi mejor amigo en la infancia y la niñez. Pasaba mucho tiempo con él, ya que era muy cariñoso y me encantaba jugar con él. Cuando, por desgracia, falleció sufrí bastante, no entendía las emociones que estaba experimentando y fue la primera vez que me enfrenté a la muerte.

Después, cuando tenía 15 años, perdí a mi querido amigo gatuno, Oreo, de forma inesperada en un trágico accidente vial. Pasaba mucho tiempo con él, por lo que también sufrí bastante tras su muerte.

A continuación, mi querido compañero Simba murió de cáncer, esta fue otra pérdida que me afectó profundamente.

Mi trayectoria profesional

Mi experiencia tras estas pérdidas tan íntimas fueron lo que me inspiraron a ser un terapeuta especializado en el tratamiento del duelo animal y a dedicar mi vida a los animales.

También trabajé durante unos años en un crematorio para mascotas en Estados Unidos, por lo que sé lo doloroso que puede ser perder a un compañero.

Asimismo, he colaborado con protectoras y ahora dedico tiempo a ayudar a animales necesitados en mi localidad.

La actualidad

Actualmente resido en España. Paso mi tiempo libre disfrutando con mis animales de compañía y como voluntario.

Tengo 2 compañeros caninos que rescaté de la perrera y tengo otros 2 amigos felinos, uno fue rescatado y el otro fue regalado por un amigo. Los quiero mucho y aprecio todos los momentos que comparto con ellos.

¿Por qué escribir un libro?

Decidí escribir un libro para ayudar a las personas que han perdido a un animal de compañía a afrontar el duelo por su pérdida, ya que sé por experiencia propia lo doloroso que puede ser la pérdida de una relación tan cercana.

Con mi experiencia y las investigaciones que he hecho a lo largo de los años, espero poder ayudarte a superar esta pérdida tan íntima y a comprender que es perfectamente normal estar en duelo por esta muerte.

Además, me gustaría informarle a la gente sobre todo lo que he ido aprendiendo en estos años, ya que existen pocos recursos para afrontar el duelo por la pérdida de un animal de compañía en español.

Introducción

Los animales son una parte muy importante de nuestras vidas. Son seres vivos capaces de crear vínculos con los humanos. De hecho, muchas personas consideran a sus animales de compañía como parte de su familia. Se estima que alrededor del 70% de los hogares tienen al menos un animal de compañía, y el 90% de las personas los ven como parte de su familia.

Como cualquier otro miembro de la familia, pueden tener un impacto significativo en el desarrollo de un niño. Una relación positiva puede mejorar las habilidades socioemocionales y motoras.

Las relaciones positivas con animales como los gatos o los perros, pueden aumentar la autoestima y la confianza de los niños. Participar en rutinas como pasear al perro o dar de comer a los peces puede darles un sentido de responsabilidad. Y jugar con su amigo puede reducir su estrés y ansiedad. Los niños también aprenden a cuidar de un ser vivo. Al cuidar a su peludo, aprenden a formar una relación de confianza, que es una parte importante de su desarrollo personal.

Los animales tienen mucha energía, por lo que pueden ser una forma estupenda de que los niños hagan actividad física. Desde gatear juntos hasta salir a pasear o nadar, los animales como los perros necesitan moverse todos los días, y los niños pueden pasearlos.

También aprenden a comunicarse con ellos. Los niños aprenden de los animales la importancia de la comunicación no verbal. Los animales domésticos también ayudan a que los niños aprendan nuevas habilidades de comunicación. Por ejemplo, pueden practicar la lectura a sus compañeros (así no entiendan lo que se les está diciendo).

Estas interacciones proporcionan muchas experiencias sensoriales nuevas. Desde tocar su pelaje hasta ver cómo se mueven e interactúan, los animales abren un nuevo mundo sensorial.

El cuidado de un animal de compañía es muy importante. A medida que los niños crecen, pueden asumir algunas de estas responsabilidades y empezar a establecer una rutina para ayudar a cuidarlos. Las rutinas son una forma estupenda de reforzar sus habilidades de la función ejecutiva (los procesos mentales que nos permiten planificar, centrar la atención y recordar instrucciones). Además, es posible que tengan que resolver problemas mientras ayudan o juegan con su peludo si surgen problemas inesperados.

¿Recuerdas alguna vez que tu hijo haya hablado con una hormiga, un pez, un conejo o su hámster? Estos son los momentos especiales que recordará. Crean recuerdos que serán apreciados y recordados para siempre. Estos momentos mejoran su salud y ayudan al niño a crecer y prosperar.

Los estudios han demostrado que los niños se benefician de muchas maneras al compartir su vida con un animal de compañía. Se benefician enormemente al desarrollar y mantener una relación compasiva.

Además, enseñan a los niños paciencia, empatía y responsabilidad. Pero, hay una última lección que enseñan a nuestros hijos: cómo afrontar la pérdida. Todos sufrimos pérdidas a lo largo de nuestra vida, normalmente en varias ocasiones. En muchos casos, la primera muerte que sufrimos es la de nuestro compañero animal. Es una lección difícil de aprender y la más triste de todas. Si tu hijo ha sufrido recientemente la pérdida de un animal de compañía, seguramente quieres proporcionarle apoyo y orientación durante este momento tan difícil.

Este libro ayudará a los padres que buscan un enfoque honesto a enseñarles a sus hijos información sobre la vida, la muerte y la superación, de una manera fácil, compasiva y concisa.

Los animales son magníficos maestros para los niños, ya que les enseñan sobre la responsabilidad, la compasión y, finalmente, sobre el dolor y la pérdida. Usando este libro, los padres, así como los abuelos, tíos y cualquier adulto significativo en la vida de tu hijo, pueden estar seguros de que reconocerá y actuará sobre las valiosas lecciones que han aprendido de sus compañeros.

En cada capítulo encontrarás herramientas prácticas, análisis de casos reales y consejos que te guiarán sobre cómo:

1. Perciben la muerte niños de distintas edades y cómo puedes explicárselo.

2. Reconocer el duelo sano y el duelo insalubre y las formas de apoyar a un niño afligido.

3. Decir la verdad y no crear malentendidos.

4. Ayudarle a comprender la eutanasia.

5. Ayudar a tu hijo a expresar y afrontar su dolor una vez que su querido compañero muera.

6. Encontrar apoyo adicional para tu hijo.

7. Determinar el momento adecuado para tener otro peludo.

Comprendo las profundas emociones y el dolor que causa la pérdida de un vínculo tan íntimo, y la importancia de proporcionar respuestas honestas a las preguntas de un niño sobre la muerte.

Asimismo, soy un terapeuta especializado en el tratamiento del duelo animal. He ayudado a innumerables padres y niños de todo el mundo a comprender el papel de los animales como maestros que ayudan a afrontar el duelo y la pérdida. He ayudado a los padres a comprender su propio dolor, para que luego sean capaces de apoyar a sus hijos con amor, compasión y honestidad.

Hay padres, como Sasha y Diego, que no supieron cuál fue la mejor manera de ayudar a su hija, Emilia, a sobrellevar la pérdida de su perro, Chico. Pero, encontraron un gran apoyo en la información y los consejos que se presentan en este libro. A continuación, cito cómo se sintieron tras leerlo:

"Como padres, ambos encontramos este libro como la mejor guía para apoyar a Emilia. Nos ayudó a calmar nuestros miedos, y nos ayudó a hablar con Emilia con claridad y cariño. Con la ayuda de esta guía, empezamos a entender por qué los animales son tan importantes para un niño, y las directrices que nos dio nos ayudaron a apoyar a Emilia a afrontar la muerte de Chico. También nos ayudó a explicar la eutanasia a Emilia. Aprendimos tanto que es imposible explicarlo todo en un solo párrafo. Cuando Chico murió, Emilia estaba destrozada y queríamos ayudarla lo mejor posible. Los consejos que aparecen al final de cada capítulo nos ayudaron enormemente cuando necesitábamos una respuesta rápida. Aprendimos que está bien utilizar la palabra "muerte" y que la honestidad es lo mejor para el desarrollo de nuestra hija. Estamos muy contentos de haber

leído el libro de Santiago. Gracias por escribir este libro, para que los padres puedan tener una guía que les ayude a explicar este tema difícil sin el temor de cometer un error".

Cuando leas y sigas las recomendaciones de este libro, sentirás que tienes una idea muy clara de lo que es el duelo por la pérdida de un animal de compañía, y de cómo apoyar de la mejor manera a tu familia en los tristes momentos tras la muerte de un compañero tan querido. Además, comprenderás la importancia de animar a tu hijo a honrar la vida de su peludo después de que haya fallecido.

Enseñar a los niños a reconocer el ciclo de la vida y a no temer la muerte, les ayudará en la edad adulta. Cuando sean adultos, tendrán más comprensión sobre sus propios sentimientos y serán más compasivos y respetuosos con todos los seres vivos.

Para ayudarle a tu hijo a afrontar la pérdida, al final de cada capítulo habrá unos consejos. También, le ayudarán a convertirse en un adulto que afrontará futuras pérdidas.

Un vínculo especial

Llegas a casa después de un día largo y tu perro te está esperando en la puerta, batiendo su cola, saltando y corriendo de un lado a otro alegre por tu llegada, o tu gato se frota contra tu pierna, ronroneando con satisfacción por tu regreso, o tu caballo puede llegar corriendo hasta la puerta, esperando que te subas para dar un paseo nocturno.

Para los niños, esta relación puede tener un efecto aún más profundo en sus vidas. Se sienten cómodos compartiendo sus secretos y aventuras con sus animales de compañía. También les ofrecen consuelo, fomentan la crianza, les enseñan a ser responsables, los mantienen sanos y crean vínculos cercanos.

En este capítulo, antes de empezar a hablar sobre la muerte de un animal de compañía y de cómo ayudar a tu hijo a afrontar este acontecimiento, voy a compartir por qué los animales son increíbles maestros para los niños.

Los niños adoran a los animales. Independientemente de la especie o del tamaño, también les ofrecen un vínculo único.

La mayoría de los padres entienden que los niños se entusiasman con la idea de tener un peludo y harán todo tipo de promesas para convencerles de que están preparados para tener uno. Ten en cuenta, que es muy importante que le ayudes a tu hijo a tener una experiencia de aprendizaje positiva con el animal.

Forma parte de la rutina diaria de tu hijo. No se trata de darle toda la responsabilidad del cuidado. Se trata de enseñar y educar al niño para que se convierta en un adulto responsable. Tu hijo te buscará para que le guíes, y es tu responsabilidad asegurarte de que el animal esté bien cuidado.

Análisis de un caso real - *Naira y Lola*

Mis amigos, Alba y José, tienen una hija llamada Naira, que llevaba un par de años "presionándolos" para que adoptaran un perro.

Naira era una chica tímida, callada y reservada. No hablaba mucho con los demás y tenía problemas en la escuela con la lectura y la aritmética. No parecía tener mucha confianza en sí misma. Finalmente, sus padres decidieron buscar un compañero perruno para que se uniera a su familia y se convirtiera en compañero de Naira.

Cuando Naira entró en una protectora de animales que había en su localidad, sus ojos se iluminaron. Al instante, se volvió más extrovertida y habladora. Tampoco tardó en fijarse en un perro. Cuando volvía a casa, solamente hablaba de ese perro. José y Alba supieron entonces que era el momento de adoptarlo.

El perro por el que Naira estaba tan entusiasmada tan solo tenía un año. La llamaron Lola. Era muy tranquila y cariñosa con los humanos y los animales. Le encantaba que le frotara la barriga. Naira la visitó varias veces y jugaba y se sentaba con ella. Sus padres decidieron adoptarla

En unos meses, Naira mejoró bastante en la lectura y la aritmética. También, se había vuelto más habladora con los otros niños de la escuela. De hecho, en ese momento Naira tenía amigos que iban a su casa a jugar con ella y con Lola. Parece que su compañera perruna la había ayudado con sus habilidades sociales y con la lectura.

Todos los niños deberían tener un animal de compañía

Muchas personas tienen buenos recuerdos de su infancia, especialmente si crecieron con un compañero peludo. Han enriquecido nuestras vidas de muchas maneras. Los animales no nos piden mucho, solamente comida, refugio y cariño. Pero, a cambio nos devuelven amor incondicional y lealtad. Por eso, es importante dedicarles tiempo y cuidados. Tener un animal de compañía nos ayuda a desarrollarnos socialmente y físicamente y nos hace más compasivos y amables. Por eso, si tu hijo quiere tener un animal de compañía, deberías considerar la posibilidad de acoger uno.

A continuación, voy a enumerar algunos beneficios de tener un peludo.

Actividad física

Hoy en día, los niños usan bastante los teléfonos inteligentes y los portátiles. Sus vidas se han vuelto sedentarias, lo que les priva de las actividades físicas que son necesarias para su crecimiento. Sin embargo, un peludo les anima a jugar con él. Por lo tanto, los niños realizan más actividades físicas con ellos. En un estudio realizado recientemente, se descubrió que el 54% de todas las personas que viven con perro, realizaban el ejercicio físico recomendado para su edad.

El amor y el valor de las relaciones

Los animales suelen ser el mejor amigo de un niño. Les enseñan a establecer un vínculo cercano. Las interacciones con ellos ayudan a los niños a desarrollar sus habilidades sociales. Disfrutan de la compañía de la familia y muestran su amor a su manera. Mueven la cola o se acurrucan cerca del niño. Quieren seguirle a todas partes y son muy emotivos. Los niños aprenden de ellos y se vuelven más empáticos.

Aunque los niños tienden a considerar solamente la parte divertida de tener un animal de compañía, la cual es maravillosa y emocionante para la familia, también les da una oportunidad de aprender sobre el ciclo de la vida.

Tanto si has tenido animales anteriormente como si es la primera vez que tienes un animal de compañía, sabes que traerlo a casa implica paciencia, entrenamiento, tiempo y esfuerzo. La recompensa es que se gana mucho compartiendo el hogar y recibiendo el amor incondicional que casi todos los animales dan.

Enseñan a los convivientes a ser responsable

Los animales necesitan comida, agua y un aseo regular. Asimismo, necesitan algún tipo de ejercicio físico y paseos. La mayoría de los niños se encargan voluntariamente de que su compañero reciba comida, agua y otros elementos esenciales. Sin embargo, algunos necesitan que sus padres les guíen. Debido a esto, los niños aprenden a cuidarlos y se hacen más responsables.

Brindan consuelo

Hay muchos estudios que demuestran cómo los animales ayudan a los niños. En un estudio en el que participaron niños de cinco años, cuando se les preguntó qué hacían cuando se sentían tristes, enfadados, con miedo o cuando tenían un secreto, más del cuarenta por ciento respondieron que buscaban a sus peludos para que les consolaran.

Los investigadores también han descubierto que cuando se preguntaba a un niño de entre diez y doce años qué consejo daría a un compañero al que le costara hacer amigos, la respuesta más común fue que se consiguiera un animal de compañía. Los niños explicaron que un animal daría al niño algo de lo que hablar y un interés compartido con otros jóvenes.

Fomentan la atención

Aprender a cuidar de los demás es otra cualidad que los animales pueden enseñar a los niños. La crianza va más allá de recibir cuidados y compasión de los padres. Se trata de enseñar a tu hijo cómo cuidar de otro ser vivo mientras es joven y está creciendo.

Los animales domésticos ofrecen varias oportunidades para que los niños aprendan a cuidar a un ser vivo. Jugar, darles de comer, asearlos, limpiar sus jaulas (tanques, perreras, establos, gallineros, etc.), y reconocer su estado de ánimo y necesidades, son todas formas de cuidado que pueden contribuir a que el niño desarrolle la capacidad de cuidar.

Los niños que cuidan de los animales domésticos se sienten menos solos y tienen una mayor autoestima que los niños que se crían sin ningún animal en su hogar. Se sabe que los animales también ofrecen apoyo psicológico. Los niños adquieren más confianza con ellos porque colaboran en su cuidado.

Mejoran el bienestar

Existen muchos estudios que han demostrado que tener un animal de compañía puede aportar beneficios importantes para la salud de los niños (y de los adultos).

Varios estudios han demostrado que los niños que conviven con un animal tienen menos infecciones respiratorias e infecciones del oído. También necesitan menos antibióticos a medida que crecen, porque convivir con animales desde una edad muy temprana estimula el sistema inmunitario. El sistema inmunitario de los niños muy pequeños se adapta fácilmente a los insectos y alérgenos. Por esta razón, crecen y desarrollan una salud robusta.

Los niños que crecen en hogares con un animal de compañía tienen:

1. Menos riesgo de desarrollar alergias comunes y asma.

2. Sistemas inmunitarios más robustos.

3. Una presión arterial más baja cuando acarician a su animal.

4. Salen más a pasear, correr y jugar.

5. Menos visitas al médico.

6. Menos estrés, soledad y ansiedad.

7. Un mayor control de los impulsos, habilidades sociales y autoestima.

Desarrollan el aprendizaje

Una de las mejores maneras en que los animales (especialmente los gatos y los perros) pueden ayudar al aprendizaje de un niño es ayudándoles con la lectura, como se ha demostrado con el caso de Naira y Lola. Los niños suelen sentirse más cómodos leyendo en voz alta con los animales que con los adultos.

Es mucho más probable que tu hijo se acurruque con su perro o gato para leer, antes que con un adulto, un compañero o un profesor, sobre todo si tiene dificultades para leer.

Fortalecen los vínculos familiares

Los animales se convierten en parte de la familia, y uno de los mayores beneficios es que pueden ayudar a las familias a crear vínculos entre sus miembros y a fortalecerse.

Adicionalmente, un animal puede centrar las actividades familiares. Hay muchas actividades que una familia puede realizar con su peludo. Si tienen un perro, toda la familia puede salir a pasearlo. Si tienen un gato, la familia puede verlo perseguir un juguete o ver con quién se acurruca una noche. Con una pecera, la familia puede ver a los peces nadar y esconderse.

Todas los animales, sean activos o no, pueden unir a las familias a través de sus necesidades diarias, las actividades familiares y las aventuras. Compartir el amor y el cuidado crea también un vínculo entre los hermanos.

Resumen del capítulo

A lo largo de los años, he sido testigo de la relación especial que tienen los niños con sus peludos. En este capítulo, has aprendido cómo ayudan a tu hijo a ser capaz, responsable, empático y saludable, tanto físicamente como emocionalmente.

Los animales tienen una gran capacidad para reconfortar a los niños, aliviando el dolor y la ansiedad con su capacidad de amar incondicionalmente. Tienen el poder de dar a los niños fuerza y valor. No importa el animal que elijas para tu hijo, si tiene un fuerte vínculo con él, la relación se convertirá en una increíble experiencia de enseñanza-aprendizaje para los implicados.

Consejos finales

1. Si decides acoger a un compañero peludo, confía que esta será una decisión correcta.

2. Un animal, sea el que sea, puede proporcionar una sensación de profunda conexión con las personas.

3. Los animales y los niños son compañeros naturales. Se ofrecen compañía mutuamente, y el animal proporcionará lecciones de vida al niño. Es una relación maravillosa.

2

¿Cómo ayudar a un niño a afrontar el duelo?

Cuando hables con tu hijo sobre la pérdida de su animal de compañía, es importante que primero entiendas tus propios sentimientos y creencias sobre la muerte. Puede ser muy difícil hablar o pensar sobre la muerte. Muchas personas prefieren evitar este tema, sin embargo, forma parte de la vida

Si no comprendes claramente tus propias creencias sobre la muerte, podrías darle a tu hijo una explicación confusa o vaga cuando te haga preguntas sobre dichos temas. Esto puede afectar la forma en que tu hijo concibe la muerte y la pérdida de algo o alguien. El deceso de un animal de compañía es una forma importante de enseñar a los niños el ciclo de la vida de una forma solidaria y honesta.

Como adulto, sabes que todo ser vivo muere. Estás familiarizado con el ciclo de la vida, pero, tienes que recordar que el fallecimiento del animal de compañía de tu hijo, puede ser la primera vez que sufra una pérdida. Esto significa que tu hijo probablemente experimentará sentimientos, pensamientos y emociones que nunca ha tenido previamente. Por ello, experimentará diversos aspectos del duelo y la pérdida que no comprenderá. No obstante, esto también te ofrece la oportunidad de hablarle sobre la vida y la muerte, y ayudarle a ser más fuerte en su madurez.

Pautas para ayudar a un niño afligido a afrontar la pérdida

Tu hijo te pedirá que le ayudes a superar su duelo, y que le ayudes a entender que la muerte es algo que le ocurre a todos los seres vivos. Hay muchas maneras de ayudarle a entender y aceptar la pérdida de su compañero.

A continuación, te voy a presentar cinco pautas que utilizo con mis clientes cuando buscan apoyo adicional con los niños. Utilizando estas cinco pautas, puedes crear una experiencia sana, positiva y compasiva para tu hijo.

Pauta #1: *Sé claro, honesto y adecuado con la edad cuando hables de la muerte con un niño.*

Si no tienes claro o no estás seguro de tus propios sentimientos y creencias sobre la muerte, te resultará difícil ser honesto con tu hijo. También, es importante decirle la verdad. Evita las medias verdades, las generalizaciones, los tópicos y los mitos.

Seguramente, tu hijo te preguntará adónde ha ido su peludo, si volverá y por qué ha muerto. Responder de forma concisa y clara, le ayudará a desarrollar una actitud sana hacia la muerte.

Es importante no responder con tópicos o mitos, por ejemplo, su animal de compañía se ha ido a dormir, se ha escapado o está viviendo con otra familia. Debes formular una respuesta sincera según su nivel de desarrollo.

La clave está en ser conciso y sincero, y hablar de la muerte usando términos sencillos. Los niños que tienen menos de 6 años no entienden que la muerte es permanente, así pues, si tu hijo tiene seis años o menos, podrías decirle: "Choco murió. Su cuerpo ha dejado de funcionar. También ha dejado de comer, de moverse, de ver y de oír. Todos le vamos a echar de menos".

Esto fue exactamente lo que mi clienta Nerea le dijo a su hijo Pepe, cuando su gato Sergio murió. Nerea tuvo que repetirle esto en varias ocasiones. Como resultado, Pepe comprendió que su compañero gatuno no iba a volver.

Por lo general, los niños de siete u ocho años son capaces de comprender el concepto de la muerte, por lo que será conveniente explicarlo en términos más complejos. Saber lo que piensas sobre la muerte y el proceso de duelo te ayudará a elaborar explicaciones significativas para tu hijo.

Por ejemplo, Mariana y Pablo le dijeron a su hijo Darío, de 8 años, lo siguiente cuando les preguntó cuánto tiempo iba a vivir su gata, Bella:

"A Bella le duele el cuerpo y es muy mayor. Bella tiene problemas para comer, por lo que no recibe los nutrientes que necesita. Su enfermedad la está poniendo muy mal y está sufriendo por ello. Así que, en lugar de dejarla sufrir por más tiempo, es hora de dejarla morir. ¿Recuerdas cómo te lo expliqué? La llevaremos al veterinario, allí le darán una medicina para que se vaya en paz y sin dolor".

Pauta #2: *Expresa tus emociones cuando esté presente tu hijo con sensibilidad y cautela.*

La sinceridad es importante a la hora de explicar la muerte a tu hijo. Pero, ten en cuenta que las emociones generadas por el duelo pueden ser nuevas para tu hijo, cuando observe tus emociones, esta experiencia le afectará.

Cuando te sientas emotivo, está bien que lo compartas con tu hijo. Tú también querías al animal de compañía de la familia y es importante que seas capaz de expresar tu amor. Dependiendo de la edad de tu hijo, la muerte de su peludo le va a provocar sentimientos que no ha experimentado antes.

Tu dolor es perfectamente normal cuando pierdes a un compañero tan querido y es importante expresar tus sentimientos. Al expresarlos, tu hijo entenderá que sus emociones son normales. Pero, no expreses sentimientos extremos, como la ira o la profunda tristeza, si tu hijo está presente.

Cuando su hijo, Darío, estaba en casa después del colegio, Mariana y Pablo solían ir a su habitación para expresar sus emociones más extremas. Ambos sabían que era importante dejar que Darío solamente viera emociones sanas, para que no se asustara. Sin embargo, cuando expresaban su dolor delante de Darío, todos se sentían cómodos con expresarlo suavemente.

Pauta #3: ***Habla con tu hijo, escúchalo y normaliza su dolor.***

Una vez que conozcas y comprendas cuáles son los sentimientos comunes del duelo, compártelos con tu hijo y permite que hable de ellos contigo. Deja que hable de lo sucedido y de cómo se siente al respecto. Escúchale atentamente y hazle saber que el duelo dura un tiempo en procesarse.

Mariana y Pablo hicieron esto con Darío. Mariana anotó todas las emociones generadas por el duelo que había experimentado y se la enseñó a Darío. Hablaron de cada emoción en la lista y sobre cómo podría afectarle. Mariana respondió a las preguntas planteadas por Darío y le hizo saber que sus sentimientos eran importantes.

Pauta #4: ***El duelo no es lo mismo que el luto.***

El duelo es el dolor interno de una pérdida, y el luto es la expresión externa del dolor. Cuando animes a tu hijo a expresar su dolor y le des el tiempo y la atención para que haga preguntas, crearás un vínculo muy cercano con él, y le ayudarás a sanar las heridas en su corazón dejadas por la pérdida.

También, es muy importante permitir a tu hijo expresar su dolor mediante un funeral o una conmemoración que ayude a diseñar.

Cuando tu hijo pueda expresar sus ideas, sus pensamientos y sus sugerencias, sabrá que le apoyas plenamente. Le ayudarás con su dolor, le enseñarás sobre la pérdida y le ayudarás a crecer como persona.

En un capítulo posterior, hablaremos de cómo planificar eventos conmemorativos que os ayudarán a tener una experiencia sana y valiosa para recordar a vuestro querido amigo.

Pauta #5: *Sé un ejemplo de cómo experimentar el proceso de duelo.*

Dado que la muerte del animal de compañía de tu familia puede ser la primera vez que tu hijo sufre una pérdida, es fundamental comprender tu propia actitud y tus reacciones.

Existen muchos mitos sobre la muerte, sobre los cuales hablaremos en un capítulo posterior. Al explorarlos, podrás comprender y procesar tus propios sentimientos. Además, comprenderás que el duelo puede surgir en momentos inesperados.

Dado que esta puede ser la primera vez que tu hijo sufre la muerte de un ser querido, debes saber que probablemente no sabrá cómo responder, o incluso por qué está experimentando ciertos sentimientos. Por lo tanto, esta experiencia te brinda la oportunidad de ser un confidente, un maestro, un apoyo y un modelo a seguir que está ahí para escucharle y brindarle amor incondicional, al igual que su preciado animal de compañía.

Resumen del capítulo

En este capítulo has aprendido por qué los animales son tan importantes y también cómo, lamentablemente, pueden ser decisivos para hablar sobre la muerte con un niño. Con las cinco pautas citadas anteriormente, podrás apoyar a tu hijo en su primer encuentro con la muerte y ser el modelo perfecto para que pueda afrontar esta ocurrencia tan trágica.

En el siguiente capítulo, conocerás la reacción típica (generalmente determinada por la edad) que tienen los niños ante una muerte. Aprenderás cómo determinados grupos de edad conciben una defunción y cómo suelen aprender y conceptualizar a medida que crecen. Ten en cuenta que puede haber un solapamiento entre las edades, ya que cada niño se desarrolla a un ritmo distinto.

Consejos finales

1. Una explicación sobre la muerte que sea honesta, clara y adecuada a la edad de tu hijo, permitirá que lo entienda mejor y aumentará su confianza.

2. Es importante recalcar que no debes expresar ciertos sentimientos negativos que pueden ser extremos (como la ira o la profunda tristeza) cuando tu hijo esté presente.

3. La muerte del peludo de tu hijo, hará que analices tus propios pensamientos y creencias sobre la muerte, para que puedas apoyar a tu hijo de la mejor manera.

3

¿Cómo niños de diferentes edades entienden el duelo y la muerte?

En este capítulo, veremos las reacciones que suelen tener los niños de determinadas edades ante la muerte. También aprenderás cómo suelen aprender, desarrollar y conceptualizar la información que captan. Esta información te ayudará a proporcionarle a tu hijo el apoyo más adecuado para su edad. Además, te ayudará a establecer expectativas claras sobre cómo puede comportarse.

Ten en cuenta que puede haber un solapamiento entre los hallazgos sobre niños de ciertas etapas, ya que cada niño se desarrolla a un ritmo distinto. Esto significa que es poco probable que tu hijo coincida perfectamente con todas las características de su etapa. También puede tener características de otras etapas anteriores o posteriores. Tu conoces a tu hijo, su forma de aprender y conceptualizar, ten esto en cuenta al leer este capítulo. Esto te ayudará a guiarte con el mejor enfoque a la hora de explicar la enfermedad y la muerte.

Niños que tienen menos de dos años

Dado que los bebés no tienen la capacidad intelectual y perceptiva para comprender la muerte, reaccionan a las emociones, comportamientos, acciones y cambios en su entorno.

Los bebés y los niños en esta etapa son conscientes de la separación y de los cambios en su rutina. Ten en cuenta que si te sientes triste o un hermano se siente triste, un niño en esta etapa puede reflejar este malestar de alguna manera.

También, ten en cuenta que si tu bebé tenía una relación cercana con su animal de compañía, puede ponerse ansioso e incluso buscarlo en su entorno. Por otro lado, las reacciones más comunes son la irritabilidad, el llanto constante, la inquietud, el cambio en los hábitos de sueño o de alimentación, la pérdida de peso y la disminución de la actividad física.

Una clienta me contó que, cuando murió el gato de su hermano, su bebé de nueve meses se volvió muy irritable a la misma hora todos los días. La madre no supo por qué se comportaba de esta manera, hasta que se dio cuenta de que su bebé se ponía irritable a la hora del día en que el gato de la familia solía acurrucarse junto a su cuna.

Niños de dos a cinco años

Los niños pequeños muestran curiosidad sobre la muerte. Pueden empezar a utilizar la palabra muerto y comprender la diferencia entre la vida y la muerte. Los niños en esta etapa no pueden comprender que la muerte es permanente. Su limitada comprensión puede llevar a una aparente falta de reacción cuando se les habla sobre este tema, y pueden hacer muchas preguntas sobre dónde está el animal que ha fallecido y cuándo volverá

Los niños de esta edad esperan que el animal de compañía vuelva. Además, los niños pequeños tienden a interpretar lo que se les dice de forma literal. Por lo tanto, es importante evitar decirles que su peludo se ha perdido, se ha ido o se ha dormido, ya que esto puede crear malentendidos y generar confusión. Responde con sinceridad a sus preguntas, pero no tienes que contárselo detalladamente o de una sola vez. La información puede ampliarse con el tiempo.

Los niños de esta edad pueden experimentar trastornos del sueño, alteraciones del apetito, perder interés en jugar y pueden sentirse más ansiosos por la separación, incluso cuando se les deja con adultos que conocen. También, pueden experimentar confusión, pesadillas, mojar la cama, chuparse el dedo, retraimiento y ansiedad.

Puede haber una regresión en habilidades como el lenguaje. Ten en cuenta que tu hijo también puede echar de menos a su animal de compañía como compañero de juego.

Dado que los niños que están en este rango de edad no tienen una comprensión profunda de la muerte, es posible que aumente el número de preguntas que pueden parecer inapropiadas. Por ejemplo, pueden preguntar: "¿Por qué no está mi pez en su pecera?" o "¿Va a volver mi gatito?". Tus respuestas son una novedad para ellos, por lo que es importante que tu hijo se sienta seguro y que tu estés disponible para darle seguridad, amor, honestidad y apoyo. No prestar atención a las necesidades de un niño, a su curiosidad y tristeza por la pérdida de un animal de compañía puede hacer que no comprenda bien la muerte o no se adapte a su nueva normalidad.

Cuando tengas que responder a sus preguntas, es fundamental hacerlo de forma clara y honesta, con información que un niño de dos a cinco años pueda entender. Por ejemplo, explícale que su animal de compañía ha muerto y que no volverá (no utilices términos como "dormido" o "perdido").

Mi cliente Javier lo aprendió por las malas, cuando le dijo a su hijo Gonzalo, que su gata Luna, se había dormido y no se había despertado. Esto asustó tanto a Gonzalo que pasó de ser un niño al que le encantaba irse a la cama, a ser extremadamente temeroso de quedarse dormido. A Javier le costó mucho trabajo tranquilizarlo.

Además, es fundamental en esta edad apoyar a tu hijo explicándole que no ha provocado la muerte. La imaginación de los niños puede hacer que algunos de ellos crean que sus pensamientos o acciones causaron la muerte, por tanto, pueden sentirse culpables.

Debes evitar actuar como si no hubiera pasado nada o animar a tu hijo a superarlo. La muerte de un animal de compañía te da la oportunidad perfecta para validar sus sentimientos y permitir que el proceso de duelo se desarrolle.

Dependiendo de la madurez de tu hijo, también es apropiado darle la oportunidad de despedirse antes de que su animal de compañía muera (si las circunstancias lo permiten). Por supuesto, es tu decisión personal que esté presente en la eutanasia o incluso que lo vean si vida. Esto depende de ti. Trataré este tema con más detalle en un capítulo posterior.

Niños de cinco a ocho años

Entre los 5 y los 8 años, los niños empiezan a comprender gradualmente que la muerte es permanente e irreversible y que su compañero no volverá. Los niños que han sufrido un duelo cuando eran más pequeños tendrán que volver a procesar lo que ha sucedido mientras comprenden la irreversibilidad de la muerte.

Los niños en esta etapa, al igual que los de la etapa anterior, tienen una imaginación que puede hacer que algunos de ellos crean que sus pensamientos o acciones han causado la muerte, y, como resultado, pueden sentirse culpables. Si no se les ha dado suficiente información en un lenguaje adecuado, pueden inventar las partes que no han comprendido.

Personalmente he visto que un niño en este rango de edad puede experimentar culpa por estar enojado con su peludo antes de que muriera. A pesar de que los niños de esta edad están expuestos a la muerte a través de la escuela y los medios de comunicación, especialmente la televisión, a menudo creen que si ellos mismos hubieran tenido cuidado, la muerte podría haberse evitado.

Los niños son cada vez más conscientes de que la muerte es una parte inevitable de la vida que le ocurre a todos los seres vivos. En consecuencia, pueden sentirse preocupados por su propia salud y seguridad y la de los demás.

Los niños de esta edad necesitan respuestas sinceras a sus preguntas, que puedan ser desarrolladas con el tiempo, y oportunidades para expresar sus sentimientos. Necesitan que se les asegure que lo que dijeron o pensaron no causó la muerte.

Aunque los niños de esta edad empiezan a reconocer que la muerte es permanente, algunos pueden seguir viendo la pérdida de un animal de compañía como algo posiblemente reversible.

Así comprendan mejor la pérdida y sus implicaciones, su capacidad de afrontar lo ocurrido es todavía muy limitada. Es normal que estén en negación y actúen como si no hubiera pasado.

Un niño durante esta edad puede incluso ocultar sus propios sentimientos cuando su compañero muere. Estos comportamientos son normales y no reflejan que tu hijo sea indiferente o no esté afligido por la muerte. Puede estar reflejando tu reacción a la pérdida, sobre todo si te sientes inseguro sobre cómo expresar tus propios sentimientos.

Para que tu hijo se sienta apoyado tras la pérdida de su querido amigo, asegúrate de validar sus sentimientos. Permite que progrese de forma natural y a su propio ritmo. No le pidas que lo supere o que actúe como si no hubiera pasado nada. En este momento, te imitará, por lo que es fundamental que des ejemplo reaccionando de una forma sana y emocional ante la pérdida de su animal de compañía.

Ayudar a tu hijo a recordar a su animal de compañía cuando el animal era un miembro feliz y sano de la familia está bien y es algo saludable, siempre y cuando le permita a tu hijo sentir y experimentar su tristeza.

Niños de ocho a doce años

Aunque los niños de estas edades saben que la muerte puede ocurrirle a cualquiera y que hay muchos factores que pueden causarla, todavía les resulta difícil creer que la muerte puede ocurrirles a ellos o a sus animales de compañía. Es posible que les cueste aceptar la pérdida de su amigo y que empiecen a experimentar emociones "adultas".

Cuando llegan a esta etapa, los niños son activos en el establecimiento de su propia identidad y ganan una mayor independencia de sus padres y se vuelven más dependientes de sus amigos. Esta es una edad importante para que comprendan los aspectos biológicos de la muerte.

Los niños también ocultan sus sentimientos para no parecer vulnerables ante sus amigos. En esta etapa, pueden sentir que expresar la tristeza o el dolor puede ser una señal de debilidad. Ten en cuenta que pueden tener preguntas sobre los aspectos culturales y espirituales de la muerte.

Adolescentes

La adolescencia es un periodo en el que ocurren grandes cambios. Los adolescentes están pasando de los vínculos familiares a una mayor implicación con sus compañeros. Puede ser difícil pedir apoyo mientras se intenta demostrar la independencia. A los jóvenes no les gusta sentirse diferentes y ser un joven en duelo puede ser extremadamente aislante. El apoyo de compañeros con experiencias similares puede ser muy útil.

Los adolescentes tendrán una comprensión similar a la de un adulto sobre la muerte, pero a menudo tienen sus propias creencias y puntos de vista fuertemente arraigados, y pueden desafiar las creencias y explicaciones ofrecidas por otros.

Algunos jóvenes pueden responder a una muerte volviéndose más retraídos, algunos pueden exteriorizar su angustia, mientras que otros afrontan la conciencia de su propia mortalidad a través de un comportamiento arriesgado en un intento de recuperar algo de control cuando la vida parece un caos. Otros pueden asumir responsabilidades de adultos y convertirse en cuidadores de los que les rodean.

Los jóvenes que han estado en duelo en una edad más temprana, pueden necesitar volver a procesar su dolor mientras piensan y planifican su futuro y comprenden plenamente el impacto de lo ocurrido.

Análisis de un caso real - *Sofía y Luna*

Óscar y Lucía se pusieron en contacto conmigo cuando murió la gata de su hija Sofía, llamada Luna. Me llamaron porque estaban preocupados por cómo estaba respondiendo Sofía. Me dijeron que empezó a preocuparse de que los dos iban a morir también. Sofía también empezó a decir cosas que indicaba que estaba preocupada por su propia salud.

Empezó a exteriorizar su tristeza y sus preocupaciones siendo disruptiva en la escuela, mientras que antes de la muerte de Luna, había sido muy estudiosa. Empezó a temer que le ocurriera algo en el camino a la escuela que la lastimara y la hospitalizara, como le ocurrió a Luna durante sus últimos días de vida. También encontraron una historia que había escrito sobre una niña que pudo evitar la muerte de su gato.

Lo primero que les aseguré a Óscar y Lucía es que todas estas reacciones son normales. A continuación, les ayudé a determinar cómo podrían apoyar a su hija a afrontar el duelo. Esto es lo que hicieron: alentaron a Sofía y le dieron oportunidades para llorar la muerte de su gata, para que no se volviera antisocial. Tuvieron conversaciones sobre la muerte mientras recordaban todas las maravillosas y divertidas aventuras que habían compartido con Luna. De este modo, guiaron a Sofía para que llorara la muerte de su querida gata.

Resumen del capítulo

En este capítulo has aprendido cómo los niños, desde la infancia hasta la adolescencia, desarrollan y conciben la muerte. Además, aprendiste cómo Óscar y Lucía apoyaron a Sofía para que desarrollara su comprensión de la muerte y para que entendiera que sus sentimientos eran normales.

En el siguiente capítulo, aprenderás que los niños necesitan una forma de expresar sus sentimientos. Tu hijo apenas está aprendiendo a identificarlos y a saber cómo manejarlos, dado que está en una edad muy temprana. Además, voy a compartir contigo formas de ayudar a tu hijo a expresar su dolor y a llorar la muerte de su animal de compañía.

Consejos finales

1. A medida que tu hijo madure, su comprensión de la vida, el amor y la pérdida puede desarrollarse con normalidad, sobre todo con tu apoyo.

2. Sé paciente con tu hijo mientras comprende aspectos de la muerte. Es algo nuevo para él.

3. Debes ser consciente de la madurez de tu hijo mientras se adapta a la muerte de su animal de compañía.

4

Formas creativas de sentirse seguro psicológicamente

Los niños necesitan formas de expresar sus sentimientos. Dado que están en una edad muy temprana, están empezando a aprender a identificar sus sentimientos y a saber cómo manejarlos.

Los niños que están en duelo pueden expresarse comportándose de una manera distinta, incluso de forma perturbadora. Pero, también pueden expresar el dolor de perder a su peludo mediante algunas formas sencillas y divertidas.

En este capítulo, conocerás algunas formas divertidas y eficaces de animar a los niños a expresarse cuando se enfrentan a la tristeza u otros sentimientos que genera el duelo. Ten en cuenta que cada persona experimenta el duelo de forma distinta. Utiliza este capítulo como guía para ayudar a tu hijo a expresar sus sentimientos y a rendir homenaje a su querido compañero.

A continuación, te presento una lista con objetos que tu hijo puede usar para expresarse de forma creativa o crear un homenaje a su animal de compañía.

Estos objetos pueden ser:

Un papel

Libros

Revistas

Un diario

Libros para colorear

Pósters

Crayones

Marcadores

Plastilina

Globos

Rocas

Plumas

Conchas marinas

Hojas

Muñecas

Marionetas

Peluches

Instrumentos musicales

Software de dibujo

Aplicaciones de manipulación de imágenes

Aplicaciones de grabación

Vídeos

Fotos

Además, puedes considerar realizar algunas de las siguientes actividades, las cuales podéis hacer juntos:

Pasear por la naturaleza

Visitar parques locales

Leer libros

Dibujar

Escribir

Crear collages

Crear esculturas

Escribir obras teatrales

Jugar con marionetas

Crear álbumes

Jugar

Leer cuentos

Practicar algún deporte

Tienes muchas opciones para poder realizar actividades juntos, las cuales pueden ayudar a tu hijo a expresar su dolor y a afrontarlo. A continuación, explicaré en más detalle algunas de las actividades citadas anteriormente.

Pasear por la naturaleza

Si a tu hijo le gusta el aire libre, una buena manera de mostrarle tu apoyo es llevarle a dar un paseo por un parque, un bosque o la playa. Esto os dará la oportunidad de hablar juntos en un entorno tranquilo.

La naturaleza ofrece todo tipo de oportunidades para hablar de la muerte, como encontrar hojas caídas, insectos u otros animales. Al observar estos seres inertes, puedes ayudarle a tu hijo a comprender el ciclo de la vida. Puedes hablar con él sobre la diferencia entre la vida y la muerte, teniendo siempre en cuenta su edad y madurez.

Leer libros

Si a tu hijo le gustan los libros y le encanta que se los leas, encontrar un libro que trate de la muerte en general o de la muerte de un animal de compañía puede ser muy útil, especialmente si es apropiado para su edad. Leerle un libro te ofrece una gran oportunidad para explicarle la muerte, especialmente si te resulta difícil encontrar las palabras adecuadas para describir este suceso.

Asimismo, leerle un libro infantil puede ayudarle a entender la realidad y a no convertir la muerte en una fantasía. Se trata de una experiencia normal y de unión entre tu y tu hijo, ya que abrirá un diálogo para poder hablar de la muerte en general.

Incluso he animado a los niños a leer estos libros a su animal de compañía moribundo como medio para que entiendan y compartan su dolor con su peludo. Esta experiencia por sí sola puede iniciar un gran diálogo.

Análisis de un caso real - *Valeria y Mateo*

A Pablo y a Daniela les resultaba muy difícil explicarle a su hija Valeria, la muerte de su loro Mateo. Todos los miembros de esta familia estaban muy tristes por la muerte de Mateo. Era un loro que hablaba, comía con ellos y formaba parte de la familia.

El dolor que sentían era intenso. Aunque querían ser honestos con Valeria, sentían que no podían encontrar las palabras para explicarle la muerte de Mateo. Cuando les sugerí algunos libros que podían leer en voz alta a Valeria, les resultó más fácil iniciar un diálogo abierto en familia.

Dibujar

El dibujo es una forma muy cómoda mediante la cual los niños se pueden expresar. Es una herramienta excelente para expresar sus emociones

Puedes animarle a tu hijo a dibujar algo sobre su peludo que le haga sentir triste o enfadado. Mientras dibuja, le puedes hacer preguntas como: "¿Qué estás dibujando?", "¿Por qué usas ese color?" y "¿Por qué corre Max detrás de su pelota?".

Estas preguntas te ayudan a conversar con tu hijo sobre lo ocurrido. Después de que haga un dibujo que le haga sentir triste o enfadado, puedes simplemente escucharle mientras habla de él. El siguiente dibujo puede ser de su peludo y de algo que le haga feliz. De este modo, aprende que los sentimientos negativos son normales tras sufrir una pérdida.

Escribir

Si tienes un hijo al que le gusta escribir, te animo a que le ayudes a escribir una carta de amor a su querido amigo. Se trata de un ejercicio muy importante, ya que tu hijo tendrá la oportunidad de expresar su amor a su animal de compañía, así como cualquier otro sentimiento o pregunta que pueda tener.

Una carta de amor proporciona una forma muy especial de sanar el dolor. Es una manera diferente de expresar sus sentimientos, recuerdos, experiencias y gratitud por todo lo que compartió con su compañero.

En un capítulo posterior, leerás algunos ejemplos de estas cartas, las cuales fueron escritas por algunos de los hijos de mis clientes. Son cariñosas y compasivas, ya que los niños comparten los tiernos momentos de amor, compañía y confianza.

Crear collages

Si tu hijo tiene revistas desperdigadas por su habitación y fotos de su compañero guardadas en su ordenador o en su teléfono móvil, ayudarle a crear un collage con estas imágenes es una forma maravillosa de que exprese sus sentimientos. Especialmente si le gusta expresarse de forma artística.

Al igual que el dibujo, crear un collage le ayudará a expresar sus sentimientos. Además, te da la oportunidad de hablar con él para que comparta lo que siente contigo. Se trata de una actividad estupenda para niños de distintas edades, y he visto algunos hermosos collages que sirven como impresionantes testimonios sobre la riqueza de un vínculo compartido entre un niño y su animal de compañía.

Esculpir

Usar materiales como la arcilla es una forma maravillosa para que tu hijo exprese sus sentimientos.

Podría crear una escultura de su peludo o una escultura que represente sus emociones. Te dará la oportunidad de enseñarle a manipular la arcilla y a crear varios objetos que muestren la relación que tuvo con su querido amigo. Este ejercicio también le ayudará a expresar sus emociones, sobre todo si tú le guías y si le encanta trabajar con la arcilla.

Escribir obras teatrales

A los niños les encanta crear y salir en obras teatrales, ya que es una gran oportunidad para expresar lo que están sintiendo.

Puedes animarle a tu hijo a escribir una obra de teatro sobre algún momento especial que haya compartido con su peludo. Las acciones y las palabras que incluya en su obra te dará la oportunidad perfecta para mantener conversaciones de seguimiento y apoyo.

Puedes grabar la obra y verla en familia, y después tener una rica discusión familiar.

Jugar con marionetas

Las marionetas son una forma estupenda de que tu hijo exprese lo que siente. Si tú también participas en esta actividad, le darás la oportunidad de que le diga a la marioneta que tú controlas lo que siente. Puede hablarle a la marioneta y no directamente a ti.

Las actividades con marionetas son una gran oportunidad para la creatividad y mantener un diálogo abierto. También proporciona un espacio ideal para que los niños no se sientan presionados.

Crear álbumes

Crear un álbum sobre tu peludo puede ser algo maravilloso que puedes hacer junto con tu hijo. Ayuda a aliviar la depresión y la tristeza, especialmente si a tu hijo le gusta crear álbumes. Adicionalmente, conservará el recuerdo de su peludo en un formato que tendrá para siempre.

Un álbum puede ayudaros a recordar algunos momentos que quizá hayáis olvidado y, al mismo tiempo, analizar vuestros recuerdos favoritos.

Por último, estos son algunos elementos que puedes incluir en el álbum:

Historias cortas

Poemas

Fotos

Artículos sobre animales sacadas de Internet o de un periódico

Documentos de adopción

Certificado de nacimiento

Collares

Juguetes

Un mechón de pelo

Plumas

Etiquetas de los envases de su comida

Lista de sus juguetes y golosinas favoritas

Resumen del capítulo

Es posible que tu hijo no haya sufrido una pérdida previamente, o no se haya enfrentado a la realidad de la muerte. Probablemente esta es la verdad más difícil que tenemos que compartir con nuestros hijos.

Cuando un animal o una persona muere, un niño se tendrá que enfrentar a la aterradora irreversibilidad de la muerte. También, es posible que no quiera separarse de ti y que te siga a todas partes. Puede comportarse como si fuera más joven: estar muy callado o lloroso, estar de mal genio, chuparse el dedo, ser reacio a hacer cosas que solía hacer o mojar la cama.

Intenta mantener unas rutinas normales que le ayude a sentirse seguro, también puedes mantenerlo informado de los planes para los próximos días . Dile quién le llevará al colegio o a las actividades. Si tienes que irte de la casa, dile cuándo volverás o quién lo cuidará.

Inclúyelo en las decisiones sencillas que le afecte. Si el animal de compañía que ha fallecido estaba enfermo, explícale algunas cuestiones relacionadas con la enfermedad (por ejemplo, que no es contagiosa), y le puedes tranquilizar diciéndole que no estás enfermo y que no lo vas a dejar.

Dado que los niños prosperan con honestidad y creatividad, hay formas de ayudarles a hablar de lo que sienten. Ahora es el momento de apoyar honestamente a tu hijo, porque apenas está empezando a aprender a identificar sus sentimientos y a saber cómo manejarlos.

Consejos finales

1. La muerte del animal de compañía de tu hijo puede ser una oportunidad para que exprese nuevos sentimientos y experiencias. Apóyalo utilizando lo que ya es familiar en tu entorno.

2. Guía a tu hijo en sus creaciones.

3. Crea algo con él, y tu propio dolor comenzará a sanar también. Asimismo, le darás un ejemplo positivo de cómo sobrellevar el dolor.

40

5

El duelo en los niños

Una pregunta muy común que se hacen los padres de niños que han perdido a su animal de compañía es: "¿Los niños se afligen?".

La respuesta es: sí. El duelo es una reacción normal que experimenta un niño cuando su querido compañero muere.

En este capítulo, voy a describir los sentimientos normales que experimentan los niños en duelo, los cuales son muy similares a los que experimenta un adulto.

Aunque es normal que un niño eche de menos a su peludo y que sienta dolor tras la pérdida, al igual que un adulto, es posible que no siempre veas o entiendas las señales. Ten en cuenta que su dolor puede ir y venir con diferentes niveles de intensidad.

Los adultos suelen tener una mejor comprensión de la irreversibilidad de la muerte y sentirán el dolor con más intensidad. Los niños, al no haber tenido tantas experiencias con la muerte o al no estar preparados cognitivamente para entenderla como los adultos, se afligen con menos entendimiento.

Cuando un niño pierde a su peludo, sus reacciones a la muerte serán variadas. La intensidad de su duelo refleja el profundo apego que tenía con él, y es importante que los niños conozcan la verdad sobre la muerte, para que no se sientan confundidos por sus sentimientos.

Omitir las palabras "muerto", "morir" o "muerte" creará malentendidos, lo cual puede dar lugar a una enorme y negativa desconexión con sus sentimientos. Aunque quieras proteger a tu hijo evitando palabras directas y empleando frases como: "Oreo se fue a dormir", "Candy se escapó", "Kaisser ahora vive en una granja" o "Choco está en otro lugar", lamentablemente, no estás aliviando su tristeza por la pérdida de su animal de compañía. Por el contrario, le confundirás sobre lo que realmente ha pasado, y puede pensar que la pena que está experimentando es errónea y mala. De hecho, si tu hijo se entera de la verdad sobre lo que le ocurrió a su compañero, incluso años después como adulto, puede sentirse muy enfadado y dolido de que le hayas mentido.

Estas afirmaciones también pueden provocar miedo en los niños, especialmente la frase "ir a dormir". Esto puede hacer que un niño tenga miedo de irse a dormir porque, al igual que su animal de compañía, puede acabar durmiendo para siempre.

Aunque es un reto compartir la verdad sobre la muerte, las respuestas sinceras generan confianza, mejoran la comprensión y permiten que los niños se sientan más cómodos para hacerte preguntas y a entender el intenso dolor que pueden sentir.

Como cualquier persona que afronta la pérdida, los niños sentirán una variedad de emociones. Pueden sentirse increíblemente solos, o incluso enfadados, especialmente si su peludo fue sacrificado. O pueden sentirse frustrados porque su animal de compañía no se recuperó de una enfermedad, e incluso pueden sentirse culpables por no haberlo podido ayudar.

Puedes ayudar a tu hijo a entender que está bien tener estas emociones y que es importante reconocerlas y experimentarlas. Recuérdale que no tiene que hablar de sus sentimientos inmediatamente, y que cuando esté preparado, estarás dispuesto a escucharle.

Ten en cuenta también que no tienes que ocultar tu propia tristeza. Es importante compartir con tu hijo lo que sientes, y hablarle de forma sincera. Cuando compartas historias sobre los animales que tuviste y perdiste y lo difícil que fue despedirte, crearás confianza y compasión, y le permitirá reconocer y comprometerse con sus propios sentimientos, construyendo una salud emocional positiva.

Análisis de un caso real - *Darío y Pipo*

Isabel se preocupó mucho cuando su hijo de doce años, Darío, se enteró que su perro Pipo, iba a morir. La noticia fue inesperada. Pipo tenía cáncer de páncreas. Pero, aún tenía mucha vida y energía, así que Darío reaccionó de forma normal. Empezó a pasar más tiempo con Pipo y siguió como si todo estuviera bien. Sin embargo, empezó a tener curiosidad por la muerte, ya que era la primera vez que se iba a sufrir la pérdida de un ser cercano.

Isabel no se dio cuenta de que se trataba de un duelo normal, conocido como duelo anticipado, por lo que estaba preocupada por Darío cuando se puso en contacto conmigo. Le aseguré que era perfectamente natural que Darío quisiera pasar más tiempo con Pipo y que empezará a intentar comprender las implicaciones de la pérdida de su querido compañero. La animé a dejar que Darío pasara un tiempo "extra" con Pipo, ya que esto le daría la oportunidad de ayudarle a afrontar sus sentimientos.

Duelo normal y saludable

A continuación, se presenta una breve lista de comportamientos y sentimientos que son normales y saludables de un niño en duelo.

Como puedes ver en las siguientes listas, el duelo normal es un proceso variado y amplio. Además, puede que tu hijo esté pasando por un período tranquilo en el que se siente relativamente bien. Pero, después puede suceder algo y producir sentimientos intensos, y tal vez inesperados. Puede que se sienta peor en este periodo.

Comportamientos verbales normales

Comportarse como si no hubiera pasado nada.

Hablar frecuentemente sobre su peludo.

Hablar regularmente de la muerte.

No hablar o no querer hablar de su peludo o de la muerte.

Hacer muchas preguntas sobre lo que está sucediendo o ha sucedido.

No hacer ninguna pregunta tras la muerte.

Decir tonterías y portarse mal.

Compartir contigo que ha soñado con su animal de compañía.

Decir que ha sentido, oído o visto a su compañero.

Temer situaciones que antes no temía.

Preocuparse porque piensa que otros animales y otras personas mueren o enferman.

Pedir que se reúna con su peludo.

Comportamientos emocionales normales

Necesidad de estar cerca de alguien.

Estar enfadado con el mundo y con su situación.

Llorar excesivamente.

Llorar de forma inesperada.

Reaccionar de forma exagerada ante problemas aparentemente menores.

Reaccionar de forma exagerada ante un comentario o acontecimiento inocente.

Dificultad para concentrarse.

Tener una baja autoestima.

Irritabilidad.

Actuar de forma inadecuada, por ejemplo, decir barbaridades.

Ver otro animal que se parece al que ha perdido y creer que es el que ha muerto.

Pasar más tiempo con su animal de compañía (si está moribundo).

Comportamientos físicos normales

Aumento o disminución del apetito.

Insomnio.

Dormir en exceso.

Incontinencia.

Intestinos sueltos.

Mojar la cama.

Problemas estomacales que antes no tenía.

Enfermedades recurrentes, como resfriados, dolores de garganta y de cabeza.

Pegar, morder, pellizcar y otros comportamientos agresivos.

Necesidad de tocar más a las personas.

Estar muy cansado, agotado y fatigado, incluso si duerme lo suficiente.

Un niño mayor que retrocede en edad: se aferra, quiere hacer cosas de bebé, como chupar el biberón, jugar con muñecas, chuparse el dedo, etc.

Querer destruir cosas.

Es normal que tu hijo experimente alguno de los comportamientos citados anteriormente. Asimismo, deja que exprese su tristeza. Su peludo era un compañero muy importante. Es sano y necesario.

Sin embargo, si tu hijo experimenta algún sentimiento anormal, entonces es el momento de buscar ayuda profesional de su médico o de otro profesional de la salud capacitado.

Sentimientos y comportamientos anormales

Asumir riesgos peligrosos.

Hacerse daño a sí mismo mediante comportamientos autodestructivos.

Amenazar con hacerse daño a sí mismo, a otros y/o a otros animales.

Jugar de forma violenta.

Cualquier comportamiento normal que se lleve a los extremos o se exhiba durante mucho tiempo.

Consumo de drogas o alcohol.

Deseo de morir.

Incapacidad de reconocer la muerte de su animal de compañía durante un período de tiempo.

Alejarse de las personas y los animales, especialmente de los animales que viven con la familia.

Mostrar un cambio drástico de personalidad.

Los niños experimentan el duelo de forma más esporádica que los adultos. Aunque sus emociones pueden ser más intensas al principio, esto cambiará a medida que envejecen, se desarrollan y vivan su vida.

Si apoyas a tu hijo durante este momento tan doloroso, en años posteriores, cuando se enfrente a la enfermedad, el dolor y otras pérdidas, se acordará de lo que experimentó en el pasado y estará mejor preparado para afrontarlos.

Los niños pueden dejar de lado el dolor mucho más fácilmente que los adultos. A menudo se centran durante un tiempo en cosas más agradables.

Durante este período, permite que tu hijo tenga oportunidades para expresar su dolor, contar sus historias, compartir sus recuerdos y procesar la muerte. Durante estos momentos, es posible que los sentimientos intensos aparezcan y desaparezcan.

Ten en cuenta que el duelo no tiene límite de tiempo y que aparecerá y desaparecerá a lo largo de la vida de tu hijo. Si permites y le animas a expresar abiertamente sus sentimientos y pensamientos sobre la enfermedad o la muerte de su peludo, normalizará esta experiencia para el futuro.

Varios clientes me han informado que sus hijos, los cuales habían estado en duelo por la pérdida de un animal de compañía anteriormente, se volvieron más compasivos hacia otras personas y animales, llegaron a valorar más a sus amigos y a los miembros de su familia, especialmente a otros animales vivos, y también llegaron a apreciar y respetar la vida que tuvieron con su amigo.

Resumen del capítulo

La muerte de un animal de compañía es una ocurrencia muy trágica para un niño. Era su compañero, el cual le ofreció muchos momentos de aprendizaje, amor y atención. Las primeras 24 horas serán probablemente una de las transiciones más difíciles que experimentará.

Intenta comprender sus sentimientos y también los tuyos. Dedica tiempo para estar con tu hijo, respirando profundamente y preparándote para el futuro que se avecina. Repasa los comportamientos y sentimientos normales del duelo expuestos en este capítulo.

Consejos finales

1. Dedica hoy un tiempo para observar a tu hijo afligido.

2. Cuando tu hijo llora, resiste el impulso de ayudarle a que deje de llorar. Abrázalo con suavidad y deja que el llanto continúe.

3. Tranquilizar a tu hijo diciéndole que sus sentimientos están bien es lo mejor que puedes hacer.

6

¿Cómo reacciona el cuerpo ante una pérdida?

Para tu hijo, así como para toda la familia, la pérdida de un animal de compañía es una vivencia muy dolorosa. La mayoría de los niños podrán procesar la muerte si se les apoya con honestidad, compasión, empatía y respuestas concisas y simples a sus preguntas. Pero, aun así, tendrán que afrontar algunos retos.

En este capítulo, voy a explicar la trayectoria del duelo, cómo nos afecta y qué esperar mientras sigue su curso. Hay que tener en cuenta que los niños experimentan el duelo de forma distinta que los adultos, debido a la diferencia en su nivel de desarrollo y su comprensión de la muerte. Aunque su percepción de los sentimientos difiere de la de los adultos, nunca pienses que tu hijo es demasiado joven o demasiado grande para estar en duelo.

Para ayudarle a hacer el duelo de forma saludable y para que reconozcas qué aspectos de este proceso puede estar experimentando, es útil explicarle la muerte de forma clara y honesta.

El dolor va y viene. No nos afecta durante un tiempo y luego desaparece. Suele llegar en oleadas, una tras otra, pero la intensidad y la frecuencia de estas oleadas disminuyen con el tiempo. Inmediatamente después de la muerte, las olas de dolor pueden ser muy intensas y frecuentes. Sin embargo, a medida que pasa el tiempo, las olas de dolor golpean con menos fuerza y menos frecuencia.

Explicar que el dolor no es un sentimiento constante, sino que va y viene, pero que duele cada vez menos con el tiempo, puede ser útil.

Aunque la pausa entre cada ola de dolor se hace más larga, y parece que todo está mejorando, puede haber, de vez en cuando, una gran ola inesperada que hace sentir que todo está empeorando. Siempre hay algo que genera estas grandes olas. Hay diversas causas, por ejemplo, pasar por una zona favorita en la que tu peludo se sentaba o jugaba, encontrar un viejo juguete o bebedero, la fecha de su cumpleaños o un anuncio de televisión de comida o productos para animales.

A veces, el niño puede querer hablar con su animal de compañía, o, sin pensarlo, puede extender su mano para acariciarlo, luego se da cuenta de que no está ahí y de que nunca volverá a estarlo, entonces, durante un tiempo, la tristeza volverá a aparecer. Pero, con el tiempo, estos momentos se vuelven menos frecuentes y menos dolorosos.

Es útil explicarle que estas oleadas de dolor son recordatorios de su amor por su querido compañero. Asimismo, es importante recordarle que esto le confirma que sigue amando a su antiguo compañero y demuestra lo fuerte que es su amor.

Enseñarle que el duelo sigue un patrón ondulatorio, le ayuda a estar más preparado si se intensifica de repente. Si llegas a esperar estos altibajos y a saber que al principio tendrán muchos días malos, los cuales se irán reduciendo con el paso del tiempo, será menos probable que pienses que tu hijo está empeorando cada vez que tenga un día así.

Con el tiempo, los niños aprenden a adaptarse a las emociones generadas por el duelo. La pena tiende a surgir y luego a retroceder, a medida que recordamos nuestra pérdida. Siempre vamos a sentir dolor tras una pérdida tan íntima, pero, con el tiempo, se va atenuando. Además, eventualmente, los niños se adaptan.

A medida que los niños se adaptan al impacto de la muerte, hay algunas reacciones muy comunes que pueden experimentar. Estas reacciones incluyen conmoción, incredulidad, dolor, culpa e ira. También pueden experimentar episodios de depresión y soledad.

Con el tiempo se adaptarán a la vida después de la pérdida, se reconciliarán con su nueva normalidad y volverán a encontrar la esperanza. Todas estas reacciones y procesos se tratarán con más detalle en este capítulo.

Es muy importante que sepas que el duelo no se experimenta exactamente de la misma manera en todos los niños. Es un viaje único y especial que viven según la relación que tuvieron con su animal de compañía, su edad y su madurez. Por esta razón, también es muy importante que no compares el dolor de tus hijos.

Análisis de un caso real - *Antonia y Dante*

Sara me llamó cuando el perro de su hija Antonia, llamado Dante, fue diagnosticado con cáncer. Sara quería ayuda y orientación para apoyar a su hija. Antonia, que tenía diez años en ese momento, era una niña que se había adaptado. Tenía una buena comprensión de lo que significaba la muerte, porque Dante había estado enfermo durante bastante tiempo. Pero, cuando Antonia recibió por primera vez la noticia de que su perro tenía cáncer, le costó creer que era cierto. Estas fueron las fases por las que pasó:

Conmoción y negación: las olas golpean con bastante fuerza y son frecuentes

Al principio, Antonia no creía que Dante estaba enfermo. Antonia se enfrentó a algo que jamás se había enfrentado anteriormente, y estaba en negación. Comenzó a ignorar la desagradable noticia.

Aunque era normal que lo hiciera al principio, Sara y su marido, Jorge, empezaron a explicarle a Antonia aspectos de la muerte. Le proporcionaron información adecuada para su edad. La muerte de Dante era inminente.

Dolor y culpa

Después de la muerte de Dante, durante un corto tiempo, Antonia sufrió de dolor y culpa. Sentía que no le había dicho a Dante que lo amaba con suficiente frecuencia. Se sentía abrumada por haber sido reacia o lenta en alimentar a Dante algunos días y haber dependido de que lo hicieran sus padres en unas ocasiones.

Afortunadamente, esta fue una fase corta para Antonia. Si la situación es abrumadora, este dolor y culpa pueden convertirse en profundos secretos que los niños no comparten con nadie. Algunos comportamientos que puedes notar es que tu hijo puede parecer deprimido o puede parecer inusualmente bondadoso o plácido. También pueden culpar a otra persona por la muerte de su animal de compañía.

Ira

Más tarde, el dolor de Antonia se manifestó en ira, que es una emoción muy común en los niños. Se enfadó consigo misma, con sus amigos y con sus padres. Comenzó a actuar con un comportamiento disruptivo cuando jugaba con sus amigos. Sara incluso escuchó que Antonia le pedía a su mejor amiga que la ayudara a rezar a Dios para que le devolviera a Dante vivo, prometiendo que serían amigos para siempre.

Dado que las emociones de Antonia eran generadas por el dolor que sentía, Antonia creía que sus sentimientos eran poderosos (aunque confusos). A diferencia de los adultos, los niños no suelen entender cómo manejar dichas emociones. A los diez años, Antonia aún no había aprendido a identificar, separar y expresar plenamente lo que sentía. Hasta le pidió a sus padres que dejaran su vida como había sido antes de la muerte de Dante.

Episodios de depresión, introspección, soledad y retraimiento

Es común que un niño que haya perdido a su animal de compañía tenga momentos en los que se sienta deprimido. Si observas los siguientes comportamientos, habla con tu hijo y ayúdale con cariño: está cansado todos los días, afirma que no se siente bien, tiene poca concentración y ha tenido episodios de retraimiento.

Cuando Antonia comenzó a mostrar períodos de depresión, empezó por no querer ir a casa de su mejor amiga. Se quedó en casa y empezó a preocuparse más por la muerte de Dante. Perdió el apetito, reprimió su ira y lloraba con más frecuencia.

Si la depresión de tu hijo se prolonga o se intensifica con el tiempo, busca ayuda profesional y ponte en contacto con el profesor u orientador escolar de tu hijo si es necesario.

Sara y Jorge proporcionaron a Antonia muchas estrategias de afrontamiento para ayudarla durante la depresión.

Descubrieron que si la animaban a escribir historias sobre sus recuerdos felices con Dante, se sentía mucho mejor después. A Antonia le encantaba escribir historias. También le encantaba hacer dibujos de esos recuerdos, ya que le gustaba dibujar con lápices de colores.

Adaptarse a la vida después de la pérdida

Cuando Dante murió, Sara y Jorge pensaron que era una buena idea dejar que Antonia se quedara en casa sin ir al colegio. Lo habían hablado con ella antes de que Dante fuera eutanasiado, y Antonia estaba de acuerdo.

Sin embargo, Sara y Jorge se dieron cuenta de que después de un par de días, Antonia quería volver a la escuela tan pronto como pudiera. Era una parte importante de su vida, y sus amigos estaban esperándola. Sus padres sintieron que esto era una buena señal.

Volver a la escuela era una señal de que ella quería continuar con su vida. Habían hablado sobre esto antes de que Dante muriera. La rutina escolar, que a Antonia le encantaba, la ayudaba a sentirse mejor.

La nueva normalidad

Con el paso del tiempo, Antonia empezó a adaptarse a los cambios. Unos dias tras la eutanasia de Dante, creyó que su vida había cambiado permanentemente.

Sin embargo, como sus padres habían estado trabajando en sus propias creencias sobre la muerte y el duelo, pudieron ayudar a Antonia a adaptarse. Este periodo de cambio y adaptación (la nueva normalidad) será un reto que atravesarás con tu hijo.

Reconciliación y continuar con la vida

Con el paso del tiempo, Antonia aceptó la muerte de Dante. Sus padres habían respondido honestamente a todas sus preguntas. Había procesado sus emociones y reacciones físicas escribiendo historias sobre Dante, escribiéndole cartas, haciendo dibujos de sus recuerdos, ayudando a planificar un funeral para él, y escribiendo un hermoso homenaje agradeciendo a Dante por ser su mejor amigo.

Esta vivencia, aunque difícil, le cambió la vida. Sara y Jorge le proporcionaron mucho apoyo, paciencia y orientación. Ayudaron a Antonia a ir a la escuela, a estar con sus amigos y a comprender que la muerte no es algo que debe temerse.

La última vez que hablé con Antonia, me dijo que había decidido escribir e ilustrar un libro que ayudará a otros niños a afrontar la muerte de su compañero perruno.

Resumen del capítulo

Saber cómo el duelo se manifiesta ayuda a guiarte en el procesamiento de tu dolor, así como a ser capaz de apoyar a tu hijo y a tu familia. Antonia recibió mucho apoyo de sus padres. Lo importante es que apoyes y guíes a tu hijo.

En el siguiente capítulo, te voy a enseñar los mitos más comunes que existen sobre el duelo por la pérdida de un animal de compañía y cómo afectan a tu hijo. También voy a desmentir dichos mitos.

Consejos finales

1. Deja que tu hijo afronte el duelo a su propio ritmo.

2. Ser capaz de expresar el dolor y aceptar la pérdida no es solamente para los adultos, es igual de importante para los niños, dependiendo de su edad y nivel de madurez.

3. No hay que tener prisa por mejorar las cosas cuando el animal de compañía de tu hijo muera. Respira profundamente y sé consciente de los momentos que compartiste con tu hijo y tu peludo.

7

Mitos sobre cómo los niños lloran una muerte

Existen varios mitos sobre cómo los niños expresan sus emociones si su animal de compañía está enfermo o si ha fallecido.

Es importante saber cómo estos mitos afectarán a tu hijo en duelo. Tenemos muchas ideas preconcebidas sobre la muerte, pero, independientemente de tus creencias, es importante desmentir estos mitos, para así ayudar a tu hijo a afrontar la pérdida de su compañero.

Como introducción, vamos a analizar el caso de Ofelia, una niña que ayudé a superar el duelo tras la pérdida de su querido gato, Leo.

Análisis de un caso real - *Ofelia y Leo*

Los padres de Ofelia querían ser completamente sinceros con ella sobre la muerte de su gato, pero les preocupaba cómo abordar el tema. En nuestra segunda llamada, me dijeron que estaban confundidos por la información contradictoria que estaban leyendo en Internet, ya que la mayoría de la información estaba dirigida a los adultos.

Para que los padres de Ofelia pudieran ayudarla a superar la pérdida de Leo, querían que les aclarara cuál era la mejor manera de ayudar a su hija a afrontar el dolor.

Les informé, que primero, deberían examinar los mitos sobre cómo los adultos afrontan una muerte, para así ayudarles a analizar sus propios sentimientos sobre el duelo y la muerte, y luego abordar los mitos sobre el duelo de los niños.

Con mi orientación, trataron de entender sus propias emociones, y después, cómo iban a ayudar a Ofelia. Se dieron cuenta de que deberían ser pacientes y de que no había una única forma de apoyar con cariño a Ofelia.

Luego, los padres de Ofelia elaboraron una lista de estrategias que podían utilizar si Ofelia pasaba por un momento difícil. Su lista incluía estrategias como escribir, dibujar, esculpir, jugar con plastilina, varias manualidades y juegos en familia. De esta manera, pudieron apoyar a Ofelia en su duelo, para que pudiera afrontarlo de una manera sana y positiva.

Los mitos sobre el duelo han existido desde hace mucho tiempo y pueden convertirse en un obstáculo para el proceso de duelo de tu hijo. La clave para utilizar estos mitos de forma productiva, es ser consciente de ellos, saber cómo te sientes con respecto a ellos, y luego aprender la verdad.

Mitos sobre cómo los niños afrontan el duelo

1. *La mayoría de los niños no se afligen.*

Esto no es cierto. La mayoría de los niños sufren de una forma u otra, y a veces de forma muy intensa. Dependerá de la situación y de la personalidad de tu hijo. Un estudio titulado en inglés Harvard Child Bereavement Study, realizado por William Worden y Phyllis Silverman, demostró que, a pesar de todas las investigaciones existentes que demuestran que los niños sí se afligen tras una muerte, todavía persisten mitos y malentendidos sobre el impacto que una pérdida tiene en los niños.

Si crees este mito, le quitarás a tu hijo la oportunidad de llorar la muerte de su peludo, haciendo que reprima sus sentimientos de una manera insalubre.

Los estudios sobre los bebés en duelo han demostrado que saben que la persona que los sostiene huele diferente, ni los lleva de la misma manera que su padre o cuidador fallecido.

Los bebés son muy sensibles a cualquier cambio en su entorno, especialmente a la ausencia de una figura habitual en su vida, como un animal de compañía. Forma parte de su instinto de supervivencia más fundamental.

Por ello, pueden ser muy conscientes de que su compañero ya no está presente, debido a esto, pueden sentirse inseguros y hasta los puede agitar.

Ofelia tenía siete años y se sentía bastante triste cada noche cuando no podía abrazar a Leo mientras leía un libro. Por mucho que quisiera a sus peluches, no eran lo mismo que su compañero gatuno. En fin, el caso de Ofelia claramente desmiente este mito.

2. *Los niños no se afligen como los adultos.*

De hecho, los niños se afligen de forma similar a los adultos, pero pueden expresar su dolor de forma diferente.

Los niños tienden a hacer el duelo durante periodos de tiempo más cortos. A diferencia de los adultos, les resulta difícil mantener la tristeza, la ira o el llanto durante períodos prolongados.

Los niños pueden entrar y salir del duelo con más facilidad y frecuencia que los adultos. Esto puede dar a los padres, como los de

Ofelia, la falsa suposición de que su hijo lo está afrontando bien. Sin embargo, la forma en que los niños entran y salen del dolor con más facilidad es su manera de experimentarlo momentáneamente y luego distraerse de él. Este comportamiento da a los niños la capacidad de sobrellevar la fuerza de las intensas emociones generadas por la enfermedad o la muerte de su peludo.

Dependiendo de su edad y su madurez, un niño pasa constantemente de una emoción a otra. Cuando eres consciente de tus propios sentimientos y de los de tu hijo, puede ser una magnífica oportunidad para establecer un vínculo profundo con él, sobre todo si puedes realizar algunas actividades que os permitan expresar vuestras emociones.

3. *El duelo es un proceso que pasa por varias etapas.*

Esto tampoco es cierto. El duelo no se desarrolla como una serie de pasos ordenados. No hay una experiencia particular, única, perfecta o correcta para superar el duelo. Al igual que los adultos, un niño tendrá su propio proceso y su propia y única manera de llorar la muerte de su animal de compañía.

Hay muchos factores que influyen en cómo reacciona tu hijo. Su temperamento, su personalidad y su comportamiento dependen de la relación que haya tenido con su animal de compañía, de la forma en que este haya fallecido y de cómo reaccionan otros adultos en su entorno.

4. *Siempre será evidente si un niño está en duelo.*

Siempre se nos ha enseñado que para ser fuertes e independientes no debemos mostrar nuestro dolor. Ya que se cree que puede ser una carga para los demás, y es inapropiado dejar que otras personas sepan cómo nos sentimos. Debido a esta expectativa social, hemos llegado a creer que si los niños no muestran señales que están de duelo, simplemente no lo están.

Tras la muerte de su animal de compañía, un niño puede estar sufriendo enormemente por dentro. Entra en estado de *shock* y pueden experimentar todas las emociones que experimentan los adultos. Sin embargo, se ha demostrado en varios estudios, que a veces los niños no exteriorizan los sentimientos intensos generados por el duelo al principio, o incluso durante el primer año tras la pérdida. De hecho, a veces pueden tardar unos años en manifestarse externamente, o hasta pueden surgir años después.

Cómo afecta el duelo a los niños depende bastante de su desarrollo. En muchos estudios se ha comprobado que, a medida que los niños envejecen y se desarrollan, a menudo vuelven a sufrir el duelo, volviendo a recordar los momentos de la muerte de su peludo. Por ejemplo, el amigo perruno del hijo de una familia que ayudé murió cuando este tenía ocho años. Luego, no adoptaron otro perro hasta que el joven cumplió veinte años. El dolor de la primera pérdida resurgió cuando acogió su nuevo compañero perruno, así sea años después.

Los niños sienten una amplia variedad de emociones, al igual que los adultos, y no siempre es posible que sepas si tu hijo se siente triste. Conociendo los aspectos normales y anormales del duelo en los niños, podrás reconocerlos mejor y ayudarles a superar su duelo.

5. *No hablar del dolor y la muerte es lo mejor para los niños.*

Por lo general, nuestra sociedad enseña que expresar verbalmente el dolor puede ser una señal de debilidad, especialmente el dolor por la muerte de un animal. Si tu hijo guarda silencio sobre su dolor, puede ser que no quiera verbalizar lo que siente porque está recibiendo señales de los adultos que observa.

Dado que los niños son extremadamente perceptivos, pueden tener miedo de decir que echan de menos a su animal de compañía porque les provocará más tristeza y lágrimas.

Si se anima a los niños a permanecer en silencio y a no tener la libertad de expresarse, pueden crear un sinfín de falsas creencias en sus propias mentes. Por ejemplo, la culpa de que de alguna manera causaron la muerte de su mejor amigo, la creencia de que si se hubieran comportado mejor su peludo aún estaría vivo o, incluso la creencia de que podrían haber hecho algo para evitar la muerte.

Dado que es importante que los niños se sientan cómodos, queridos y seguros al expresarse, es importante no obligarlos a hablar. Deja que procesen su dolor con tu apoyo.

6. *El duelo y el dolor desaparecerán con el tiempo.*

Desgraciadamente, al igual que en el caso de los adultos, el duelo nunca desaparece. No tiene un plazo predeterminado. Como una persona adulta, puedes ser capaz de aceptar la pérdida, pero los niños no lo hacen realmente hasta que tienen unos veinticinco años. Necesitan tiempo para llorar, hacer el duelo y adaptarse al cambio.

Como este proceso dura toda la vida, se puede ver la importancia del papel que pueden desempeñar los animales para explicar la enfermedad, el duelo y la muerte. La pérdida te da la oportunidad de no tratar la muerte como algo que hay que arreglar. En cambio, te da la oportunidad de proporcionar una forma de apoyar a tu hijo para que afronte los altibajos de la vida proporcionándole amor, compasión y honestidad.

7. *Es mejor no decirle a tu hijo la verdad sobre la muerte, ya que no puede asimilarla.*

Como padre o tutor, puedes creer que lo mejor que puedes hacer es no hablar sobre la muerte con tu hijo. Puede que, en cambio, prefieras crear historias sobre este acontecimiento que no son ciertas. No obstante, los niños pueden comprender la verdad. Cuando no se les dice la verdad, no se les protege del dolor, sino que se les deja solos en un momento difícil en el que necesitan apoyo.

Si tu hijo es pequeño y le dices que su peludo "se perdió", "se durmió", "se fue a vivir a otro lugar" o "se escapó", puede ser muy confuso e incluso aislante para él.

La verdad es preferible a la mentira. La mentira fomenta la desconfianza. Un lenguaje claro ayuda a los niños a desarrollar una visión sana y normal de la muerte. Utilizar un lenguaje conciso y claro ayudará al niño a ser menos temeroso. Lo más sano es decir (usando el caso anterior como ejemplo): "El corazón de Leo ha parado, ya no respira, y me temo que no lo vas a volver a ver". Puede parecer despiadado y doloroso compartir esto con un niño, pero cuando eres sincero, estás desarrollando una confianza más profunda y duradera con tu hijo, que te permitirá hablarle sobre la muerte y otros acontecimientos que ocurren en la vida.

8. *Los funerales y los rituales son solamente para los adultos.*

Algunos de los padres con los que hablo están preocupados por permitir que sus hijos asistan a un entierro, un funeral o una conmemoración para su animal de compañía. Piensan que estos rituales son para adultos y que podrían ser perjudiciales para los niños o pueden ser irrelevantes para ellos. Sin embargo, este es un mito muy común.

Los niños son capaces de participar en la creación de un ritual para su animal de compañía. Si permitimos que procesen su dolor de forma adecuada, se creará un vínculo más fuerte entre los miembros de la familia.

El otro lado de los mitos: Fuerza y compasión

Cuando los padres aprenden a familiarizarse con estos mitos, los desmienten y los sustituyen por pensamientos y acciones positivas, pueden dedicar más tiempo a ayudar a sus hijos a comprender sus sentimientos y a salir más fuertes y sanos emocionalmente.

Resumen del capítulo

Una enfermedad terminal y/o la muerte del animal de compañía de un niño es una de las experiencias de aprendizaje más complejas a las que se enfrentará. Debido a esta vivencia tan difícil, crecerá emocionalmente, espiritualmente, conductualmente, físicamente y cognitivamente. Algunos niños serán capaces de adaptarse y llorar la pérdida de su peludo, pero otros tendrán más dificultades.

A medida que los niños envejecen y se desarrollan, es importante ayudarles a hacer el duelo con cada etapa de desarrollo que atraviesan. Los problemas de comportamiento pueden desarrollarse de forma acumulativa y crear confusión, dolor, ansiedad y otras emociones que entenderán hasta que se acerquen a la edad adulta.

Los mitos sobre el duelo por la pérdida de un animal de compañía pueden ser obstáculos para avanzar con sentido y propósito con respecto al vínculo que tienes con tu hijo y el vínculo que ellos tuvieron con su compañero. La forma de eliminar estos obstáculos es ser consciente de ellos, desmentirlos y sustituirlos por algo positivo.

Repito: recuerda siempre que no estáis solos en vuestro viaje de duelo. Hay otras personas que están experimentando lo mismo. Si lo necesitas, encuentra a esas personas y pasa tiempo con ellas.

Consejos finales

1. Desmentir los mitos sobre el duelo por la muerte de un animal de compañía ayudará a tu hijo a afrontar el duelo de una manera más saludable.

2. La honestidad es clave cuando necesites explicarle algo a tu hijo.

3. Desmentir los mitos sobre el duelo te dará la oportunidad de hablar con tu hijo de una forma clara y honesta para explicarle la verdad.

8

Preguntas frecuentes de los niños y cómo responderlas

Es muy importante que respondas a las preguntas de tu hijo de forma directa y breve. No tienes que ser frío o duro. De hecho, responder de esta manera es lo contrario. Al mantener tus respuestas claras y concisas, estás mostrándole un gran respeto.

Las respuestas deben ser relevantes para la edad y la madurez de tu hijo. Si no sabes la respuesta, o no estás seguro de cómo responder, entonces está perfectamente bien que digas que no sabes la respuesta, en lugar de crear un malentendido.

Dado que los niños sólo captan parte de la información que reciben, es importante que los padres presten atención a su lenguaje corporal y a sus expresiones faciales, y que busquen señales de que han entendido su respuesta. Una forma de reconocerlo es que, si no comprenden del todo la respuesta, seguirán haciendo la misma pregunta varias veces, para que puedan entender qué es lo que se les está diciendo. La paciencia en estos momentos es crucial.

En este capítulo voy a repasar algunas de las preguntas más comunes y cómo puedes responderlas. Leerás cómo Elisa ayudó a su hija Renata (de 7 años) cuando le explicó la muerte de Fernanda, la coneja de Renata. Asimismo, incluiré unas sugerencias para hablar con niños mayores.

Preguntas frecuentes

Cuando recibas la noticia de que el animal de compañía de tu hijo va a morir o ya ha muerto, lo primero que debes hacer es estar atento a sus reacciones para ver si comprende lo que le estás diciendo. Si no entiendes alguna pregunta, lo mejor es que le preguntes más sobre lo que ha querido decir o incluso lo que sabe sobre el duelo y la muerte.

Veamos cómo respondió Elisa a las preguntas de Renata sobre la muerte de su coneja, Fernanda.

Pregunta: ¿Por qué murió Fernanda?

Respuesta: Lo primero que hay que tener en cuenta es el motivo por el que hace esta pregunta. ¿Es porque tu hijo se siente triste, enfadado o incluso culpable por la enfermedad o la muerte de su animal de compañía? Si este es el caso, es importante que permitas que tu hijo te diga lo que piensa y siente. Sin embargo, también puede estar preguntando sobre la muerte.

Cuando Renata hizo esta pregunta, Elisa pudo comprobar que lo que buscaba era una explicación de qué le ocurrió físicamente a su coneja. Elisa le respondió: "Fernanda murió porque su cuerpo dejó de funcionar. Dejó de comer, de moverse, de ver y de oír. Todos vamos a echarla de menos".

Si tu hijo es mayor, podrías decirle: "A Fernanda le duele el cuerpo y es muy mayor. Tiene problemas para comer, por lo que no recibe los nutrientes que su cuerpo necesita. ¿Recuerdas que te expliqué que el cuerpo necesita comida y agua para estar sano?".

Pregunta: ¿Cuándo va a volver Fernanda?

Respuesta: Elisa le dijo a Renata, de forma suave y cariñosa, que la muerte es irreversible. Esto es lo que dijo: "Renata, sé que querías mucho a Fernanda y sé que quieres que vuelva contigo, pero, no puede, porque ha muerto. Todavía puedes sentir amor por ella y todavía tienes recuerdos sobre todas las cosas divertidas que hiciste con ella. Sé que Renata siempre será especial para ti".

Con un niño mayor puedes explicarle con más detalle la muerte. Solamente tienes que observar su reacción.

Por ejemplo, puedes añadir a las palabras de Elisa: "Todos los seres vivos mueren y no es culpa de nadie. Tú y yo no hemos hecho nada malo. Es parte del ciclo de la vida". Intenta siempre que tus respuestas sean breves y permitas que tu hijo indague para obtener más información.

Pregunta: ¿Dónde está ahora Fernanda?

Respuesta: Lo primero que le aconsejo a mis clientes es que, antes de responder, averigüen dónde cree su hijo que está su peludo. Deberías adaptar tu respuesta en función de tus creencias. Además, tu respuesta estará de acuerdo con tus creencias espirituales o religiosas. Cuanto mayor sea el niño, más detalles sobre el entierro, la incineración y los acontecimientos espirituales o religiosos podrás compartir.

En el caso de Elisa, Renata creía que Fernanda fue al cielo, ya que esa es la creencia religiosa de la familia. Elisa lo validó compartiendo: "Sí, Renata, Fernanda fue al cielo con todos los demás animales que fueron amados por sus familias".

Si tu familia tiene creencias espirituales, puedes decirle a tu hijo que hay una parte especial de su animal de compañía que existe después de la muerte del cuerpo. Esta parte se llama alma o espíritu. El alma o espíritu no es una parte del cuerpo, sino que es la parte que lo hace especial.

En muchas partes del mundo, la gente cree que el alma o el espíritu vive en nuestros recuerdos y corazones, así que, de ese modo, su peludo estará siempre con ellos.

Pregunta: ¿Morirás tú también?

Respuesta: Esta pregunta es probablemente la más difícil de todas. Esta pregunta pondrá a prueba tu capacidad de ser sincero con tu hijo. Tener un animal de compañía para que tu hijo pueda explorar esta cuestión a medida que se desarrolla es primordial.

Es importante responder esta pregunta con mucha compasión, amor, seguridad, apoyo y honestidad.

Elisa le respondió a Renata: "Algún día moriré, pero espero estar aquí mucho tiempo. Estoy sana y no estoy enferma".

Como Renata tenía miedo de perder a su mamá y la muerte de Fernanda había provocado este miedo, Elisa hizo una pregunta aclaratoria: "¿Te preocupa que no esté aquí para cuidarte?".

Por supuesto, las respuestas a estas preguntas se basarán en la edad de tu hijo. Mis clientes muchas veces no saben responder esta pregunta tan difícil, y lo mejor es que tengas algunas respuestas ya preparadas, ya que es una pregunta muy común. Cada persona tiene una respuesta diferente a esta pregunta, dependiendo de sus creencias. Por último, responderle con "nunca moriré y jamás te dejaré solo" creará un mito, así que evita esa respuesta.

Pregunta: ¿Cuánto tiempo viviré?

Respuesta: De nuevo aquí tenemos un ejemplo perfecto de cómo los animales pueden enseñar a los niños aspectos sobre la muerte, y el duelo.

Elisa le explicó a Renata: "Nadie sabe cuánto tiempo va a vivir, Renata, y ningún ser vivo vive para siempre". Después, le aseguró que la mayoría de las personas e incluso algunos animales viven mucho tiempo.

Si tu hijo es mayor, este sería el momento perfecto para darle un relato más detallado del proceso de la enfermedad y la muerte, siempre teniendo en cuenta su madurez y edad.

Resumen del capítulo

Ser honesto con tu hijo cuando su animal de compañía está enfermo o ha muerto es tu oportunidad para apoyarlo con compasión, tranquilidad y claridad.

Puede parecer más fácil responder a sus preguntas ocultándoles la verdad o no dejándoles aprender esta lección de vida tan importante. Sin embargo, al experimentar esta parte del ciclo de la vida, tienes la oportunidad de construir un vínculo compasivo y una profunda confianza con tu hijo.

No es un momento fácil, y te exigirá estar presente con tu hijo. Cambiará su vida y su forma de ver el mundo. Prepárate revisando las preguntas de este capítulo, empieza a interiorizarlas y determina tus propias respuestas para ayudarte a construir un vínculo de confianza y compasión con tu hijo.

En el siguiente capítulo, aprenderás unas pautas para explicarle a tu hijo qué es la eutanasia o la muerte repentina de su compañero. Dado que se trata de una decisión tan difícil de tomar como adulto, explicársela a tu hijo puede ser un reto. El primer paso es saber cómo se siente uno mismo al respecto.

Consejos finales

1. Es muy importante decirle la verdad a tu hijo sobre la muerte de su animal de compañía.

2. Al contestarle de forma directa y concisa le estás mostrando amor y respeto.

3. Siempre ten en cuenta la edad y la madurez de tu hijo a la hora de contestar sus preguntas.

9

¿Cómo explicar la eutanasia o una muerte repentina a un niño?

Es un reto explicar la eutanasia o una muerte repentina a un niño.

Como adultos, nos resulta desgarrador. La muerte es, indudablemente, uno de los aspectos de la vida más difíciles de explicar a los niños. A menudo, la muerte de un animal de compañía es el primer encuentro de un niño con esta ley inmutable de la naturaleza. La forma en que manejamos este acontecimiento puede tener un gran impacto en cómo nuestros hijos conciben la muerte y la vida.

Es probable que su amigo peludo haya estado con él desde sus primeros meses. Tal vez, has tenido su animal de compañía desde antes del nacimiento de tu hijo, por lo que han crecido juntos. Asimismo, quizá nunca haya previsto tener que despedirse de su compañero. Muchas veces los niños no entienden por qué la vida de su compañero es mucho más corta que la suya. En muchos casos, también es la primera vez que tiene que despedirse de un ser querido. Nuestra labor como padres, es ayudarles a comprender lo acontecido, por qué ha sucedido y qué ocurre después.

Hablar con ellos de forma abierta y honesta es crucial, por muy duro que sea. Si adornas la verdad sobre lo que ha pasado, podrías destruir la confianza entre tú y tu hijo más adelante, y podrías crear resentimiento. Al fin y al cabo, en algún momento tendrán que entender el concepto de muerte y eutanasia.

Si vas a ser sincero con tu hijo, no debes utilizar eufemismos. Aunque es comprensible que pueda parecer un enfoque más suave o adecuado, utilizar frases que le haga creer que su animal de compañía se ha marchado, que está visitando a unos amigos o que lo han dormido, cuando en realidad ha muerto en un accidente, solamente generará más confusión en algunos casos, y en otros, esperanza.

Si su peludo de verdad se ha ido o está visitando a unos amigos, seguramente un día tendrá que volver. Si fuera el caso, ¿por qué no puede volver ahora, ya que la familia lo echa de menos? Si su animal de compañía se ha dormido, ¿no puede despertarse? ¿No pueden despertarlo? Si le dices que esto es permanente, puede que empiece a tener miedo a irse a dormir por si no se despierta, o que tenga miedo de que tú también te vayas y no vuelvas. No quería que su animal de compañía se fuera y sin embargo lo hizo, así que ¿cómo puede saber que tú tampoco te irás?

Esta será una conversación difícil, ya que tú también estás de duelo. Tú conoces a tu hijo mejor que nadie y puedes adaptar la conversación a su edad y a su comprensión general del tema, pero debes tener en cuenta lo siguiente: debes ser honesto y decírselo cuanto antes. Como ya se ha dicho previamente, no utilices eufemismos, usa términos como "muerte" y "moribundo".

Comprueba que entiende lo que significa morir. Puede explicarse de la siguiente manera: "El cuerpo de Fluffy dejó de funcionar. El veterinario se dio cuenta de que estaba adolorido y ayudó a que muriera en paz y sin dolor". Asegúrate de que tu hijo entiende que la muerte es permanente y que su animal de compañía no regresará.

Además, responde siempre a sus preguntas. Pueden ser bastantes, pero, dedica tiempo a hablar con tu hijo sobre cómo se siente y cómo te sientes tú. No pasa nada si le muestras que tú también estás afligido, ya que sabrá que tú también estás triste por la pérdida de su animal de compañía.

¿Quieres hacer algo para celebrar la vida de vuestro animal de compañía? Puede que no lo quieras hacer de inmediato, pero, con el tiempo, os ayudará a despediros de vuestro peludo de una manera que os haga sentir cómodos. Por ejemplo, podrías celebrar un acto conmemorativo, plantar algo especial en el jardín para recordarlo o sugerirle a tu hijo a escribir sobre cómo se siente y a recordar los momentos felices que compartió con su animal de compañía.

Análisis de un caso real - *María y Bigotes*

María, de once años, estaba acostumbrada a saludar a su gato, Bigotes, todos los días después de volver del colegio. Sin embargo, un día Bigotes no apareció. María y su madre lo encontraron bajo una mesa, aunque le costaba respirar. Lo llevaron al veterinario, y este dijo que Bigotes tenía una enfermedad cardíaca. Podría salvarlo, pero Bigotes tenía 16 años y tenía otros problemas de salud.

Su calidad de vida solo empeoraría. La medida más humana que se podía tomar era la eutanasia. Más tarde, su familia celebró un evento conmemorativo, y, después, María escribió unos poemas sobre Bigotes.

A los 11 años, María comprendió la eutanasia y la irreversibilidad de la muerte. Esto no alivió su sufrimiento, pero sabía que todos los seres vivos morirán. Después de un tiempo, fue capaz de recordar a su querido compañero gatuno con más amor que dolor.

El impacto a largo plazo es menos traumático, si le explicas a tu hijo con honestidad temas como la eutanasia o la muerte repentina. Si intentas protegerlo ocultándole estos temas, lamentablemente, perderás una oportunidad de explicárselos de una manera saludable.

Hay formas honestas, pero extremadamente cariñosas, de explicarle a tu hijo temas relacionados con el final de la vida, que son apropiados para su edad. Así le ayudarás a entender y aceptar el deceso de su animal de compañía, así se haya hecho mediante una eutanasia o haya sido una muerte inesperada.

He tenido varios clientes cuyos padres les informaron que su animal de compañía no se había ido a vivir con un familiar. Les dijeron que había sido sacrificado mientras ellos estaban en la escuela. La conmoción de saber que les habían mentido sobre un acontecimiento tan importante provocó un enfado y una desconfianza notable. Uno de los clientes se enteró siendo ya un adulto de 49 años. Estaba muy enfadado y molesto que sus padres no le habían dicho la verdad. Le costó mucho perdonarlos.

La pérdida de un animal de compañía puede ser muy traumática para un niño. Hay que tener en cuenta la relación que tuvieron con él, su edad y su nivel de madurez. Tanto si tenían un perro, un gato, un pez o un pájaro, esta relación les proporcionaba compañía, amor, confianza y un compañero muy querido. La pérdida puede generar muchos sentimientos negativos, como rabia, desconfianza, soledad, ansiedad, inseguridad y miedo.

Para saber cuál es la mejor manera de explicarle a tu hijo la eutanasia y/o una muerte repentina, voy a compartir la historia de Santiago, Maite y su hija de 12 años, llamada Luz. Ellos trabajaron conmigo para ayudarla a sobrellevar la muerte de su cobaya, Mía, la cual tuvo que ser sacrificada.

Las siguientes recomendaciones te orientarán sobre cómo debes informar y apoyar a tu hijo.

Recomendaciones para ayudar a un niño a afrontar la muerte repentina o la eutanasia de su animal de compañía

1. *Debes estar disponible y ser sincero y honesto con tu hijo.*

Lo más importante en este caso es que le cuentes a tu hijo, lo antes posible, cuando te enteres que la eutanasia es necesaria. No es conveniente que se entere por otra persona, ya que no podrás controlar lo que dirán los demás.

Sugerí a Santiago y Maite que le dijeran a Luz la verdad desde el principio. Esto les permitió crear un vínculo de confianza con ella en el presente y en el futuro. Comprendieron que si no eran sinceros con Luz, ella podría descubrir un día, que le habían ocultado la verdad o le habían mentido. Comprendieron que su confianza en el futuro podría verse comprometida.

2. Responde las preguntas de tu hijo con explicaciones adecuadas a su edad y madurez.

El dolor de un niño es normal y necesario, y es normal que se sienta triste. Santiago y Maite tranquilizaron a Luz muchas veces diciéndole: "Luz, está bien que te sientas triste por la muerte de Mía. Así es como hay que sentirse cuando muere un ser querido".

Les expliqué que es mejor evitar el uso de ciertas palabras como "dormir" o "perdido", ya que Luz podría empezar a temer su propio sueño. Un niño no debe pensar que la muerte es lo mismo que irse a dormir. Esto es lo que Santiago y Maite le dijeron a Luz: "Cuando tú y yo dormimos, nuestro cuerpo sigue trabajando. Sólo está descansando".

También, es importante evitar el uso de términos como "te dejó", ya que podrían implicar que su animal de compañía se fue temporalmente o abandonó al niño. Estas palabras pueden animarles a esperar, de forma poco realista, el regreso de su compañero.

3. Ayúdale a entender por qué es necesaria la eutanasia.

En el caso de la vejez, para ayudar a Luz a entender por qué era necesaria la eutanasia, Santiago y Maite le comunicaron lo siguiente: "Luz, Mía era una cobaya que tenía una edad muy avanzada. La cuidabas muy bien, pero Mía tenía varios años y su cuerpo dejó de funcionar".

Si el animal de compañía de tu hijo padece una enfermedad terminal, le puedes explicar: "Como la enfermedad no tiene cura, tu peludo está muy enfermo. Por lo tanto, su cuerpo dejará de funcionar".

En caso de una muerte repentina o de un accidente, por difícil que parezca, puedes decirle: "Al cuerpo de Fluffy le ha pasado algo horrible. Lo atropelló un coche (por ejemplo) y quedó malherido. Por desgracia, no pudo sanarse y su cuerpo dejó de funcionar". O bien, "Fluffy tenía una enfermedad que no se puede curar o detener, estaba muy enfermo y su cuerpo dejó de funcionar".

4. *Evita decirle a tu hijo que Dios u otra deidad espiritual quería que su animal de compañía estuviera en el Cielo, o que estuviera con un familiar fallecido o con otro animal de compañía fallecido.*

Los niños pueden enfadarse bastante con Dios u otra deidad espiritual. Pueden desarrollar un miedo a que ellos sean los próximos elegidos por Dios o la deidad para morir. Por lo tanto, es mejor evitar decir algo similar a lo mencionado anteriormente.

5. *No apliques la eutanasia a su animal de compañía sin informarle previamente.*

Santiago y Maite incluyeron a Luz en esta decisión, porque hacerlo ayuda a los niños a entender mejor por qué hay que tomarla.

Me contaron que cuando le preguntaron a Luz su opinión sobre la eutanasia, ella respondió: "Quiero despedirme de Mía y decirle que la quiero mucho y que la voy a extrañar bastante". Esto le dio una oportunidad de despedirse de su peluda y una firme comprensión de que Mía no estaría físicamente en este mundo.

6. *Deja que esté presente en el momento de la eutanasia, dependiendo de su edad y madurez.*

Dependiendo de la edad de tu hijo y de tu elección personal, esta experiencia puede proporcionarles la realidad de una muerte pacífica en lugar de crear una fantasía. Luz tenía 12 años cuando quería estar presente cuando viniera el veterinario. Esta fue la primera vez que Luz oberservó una eutanasia. Estar presente ayudó a Luz a eliminar el misterio y evitar que cualquier miedo o preocupación que tuviera se convirtiera en un recuerdo negativo.

Resumen del capítulo

Explicar la eutanasia o una muerte repentina a tu hijo puede ser muy difícil. Sin embargo, es extremadamente importante incluirlo en las decisiones y discusiones relacionados con estos acontecimientos.

Esta experiencia te da la oportunidad de informar a tu hijo qué es la eutanasia y por qué es necesaria. También te da otra oportunidad de tener compasión por ti mismo como padre, especialmente si tu también estás en duelo por la pérdida de un animal de compañía de la familia.

Puede parecer despiadado o incluso cruel ser honesto con tu hijo sobre esta difícil decisión, pero, puedes ver lo que hicieron Santiago y Maite al apoyar a Luz, con honestidad y amor sobre la eutanasia de Mía, lo cual a su vez, ayudó a Luz a enfrentarse de la mejor manera a la muerte de su compañera.

Después de unos meses, recibí un correo electrónico de los padres de Luz, que decía que cuando Luz habla de su experiencia de estar presente en la eutanasia de Mía, la describe de forma muy positiva. La franqueza y la honestidad que recibió sobre la muerte de su animal de compañía, aportaron normalidad y confianza al desarrollo emocional de Luz.

Al igual que Santiago y Maite, puedes explicar honestamente a tu hijo cuestiones relacionadas con el final de la vida, asegurándote de que sean apropiadas para su edad. Esto le ayudará a entender y aceptar la eutanasia o la muerte repentina de su animal de compañía.

En el siguiente capítulo, vas a aprender formas de apoyar y ayudar a tu hijo en el proceso de duelo. Descubrirás que el duelo no es lo mismo que el luto y entenderás por qué es importante que tu hijo llore la pérdida de su animal de compañía.

Consejos finales

1. Cuando permitas que tú hijo participe en la elección de la eutanasia, fomentarás el apoyo, el amor y la compasión con él.

2. La honestidad con los temas del final de la vida, preparan a tu hijo para la realidad, y no para la fantasía.

3. Dependiendo de la edad de tu hijo y de su madurez, si quieres, puedes dejar que asista a la eutanasia de su peludo.

10

El luto en los niños

Muchas personas piensan que los términos "duelo" y "luto" tienen el mismo significado. Sin embargo, tienen un significado distinto.

Por un lado, el duelo es la respuesta emocional ante una pérdida. Por ejemplo, el miedo, la tristeza, la soledad, la nostalgia, el anhelo, el pánico, el dolor, la ansiedad, etc. Es un proceso emocional privado.

Por otro lado, el luto es el proceso de adaptarse a la vida tras sufrir una pérdida. Se ve influenciado por factores externos, como la sociedad, cultura y religión del doliente. Los siguientes comportamientos son formas de hacer el luto: vestir de una cierta manera, llorar, escribir un diario o una carta, utilizar el arte o la música como medio para expresar el dolor, asistir a un funeral, etc.

Aceptamos y procesamos una pérdida expresando nuestro dolor de forma interna y externa. En nuestra sociedad, tendemos a sentirnos incómodos con las expresiones externas de dolor, y a veces nos sentimos avergonzados o débiles si expresamos nuestros sentimientos más íntimos, algo que los niños captan desde pequeños. Pero, el duelo requiere fuerza y perseverancia.

Si le das la oportunidad a tu hijo de sentir y expresar su dolor, le estás enseñando que este comportamiento es normal tras una pérdida. Recordará tu apoyo en este momento tan difícil cuando crezca.

Asimismo, si le permites exteriorizar su dolor a través del luto, le estás ayudando a afrontar este acontecimiento. Puede que no sea capaz de procesar todos sus sentimientos en un momento determinado, ya que le lleva tiempo crecer y procesar su dolor, por esta razón debes ser paciente.

Si la muerte de su animal de compañía fue repentina, o completamente inesperada, puede que necesite un tiempo para procesar este hecho. Por el contrario, si estuvo enfermo y sufriendo durante un tiempo, procesará su dolor de manera muy distinta.

Lo importante es recordar que la pérdida no consiste únicamente en perder a su compañero. También debes tener en cuenta los sueños, las expectativas y las experiencias que tu hijo tuvo con su peludo. Por este motivo, es fundamental que le apoyes mientras llora esta pérdida tan íntima.

Análisis de un caso real - *Estefanía y Ciro*

Javier, el padre de Estefanía, me llamó cuando se dio cuenta de que tras la pérdida de Ciro (el pez payaso de Estefanía) esta se había vuelto muy callada con respecto a lo sucedido. No quería hablar sobre este acontecimiento y parecía más retraída y distante. Luego, Javier me dijo: "Le decíamos que estaba bien expresar sus emociones, pero, aun así, las reprimía".

Le expliqué a Javier que no se preocupara si Estefanía estaba callada y retraída en ese momento. Esto era algo completamente nuevo para ella y debían empezar por animarla poco a poco a dibujar o a expresarse de forma no verbal.

Después, Estefanía comenzó a hacer dibujos sobre Ciro. Su padre me contó que, en dos semanas, hizo quince dibujos. Me dijo: "Eran bonitos y coloridos. Mostraban todo el amor que Estefanía tiene por Ciro. En algunos tenía pequeñas frases. Decidí poner todos sus dibujos en un archivador, lo cual sacó a Estefanía de su estado de retraimiento y lo llevó al colegio para enseñárselo a todos sus amigos. Fue algo maravilloso".

Consejos para acompañar y ayudar a tu hijo en su luto

Ten en cuenta mientras lees este capítulo, que los niños suelen expresar su dolor mediante comportamientos físicos en lugar de palabras. Exteriorizan sus sentimientos cuando no pueden expresarlos de forma verbal.

1. *Dale a tu hijo tiempo para aceptar la muerte.*

Cuando entienda que su animal de compañía ha fallecido y no volverá a estar físicamente en este mundo, empezará a aceptar la muerte. Pero, como ya se ha mencionado anteriormente, se enfrentarán a esa verdad poco a poco. Puede distraerse haciendo otra actividad, como llamar a un amigo o salir a jugar. Permitir que tu hijo haga el duelo de esta manera le ayudará a entender cómo y por qué murió su peludo. Esto le ayudará a hacer el duelo de forma saludable.

2. *Ayúdale a expresar su dolor.*

Necesita afrontar el dolor que siente por la pérdida. A la mayoría de los niños se les dice que deben ocultar o reprimir sus emociones. Se les anima a no expresar la tristeza o el dolor. Sin embargo, este es un comportamiento insalubre. Deberías ayudarle a tu hijo a hablar sobre los pensamientos que le hacen sentirse triste. Como oyente sin prejuicios, también puedes compartir tus sentimientos, mientras observas cómo reacciona. Permitir que tu hijo muestre su dolor, poco a poco, es algo que le ayudará bastante a largo plazo.

También, le ayudará a afrontar otras muertes futuras de forma saludable.

3. *Dile que comparta recuerdos de su peludo.*

El animal de compañía de tu hijo vivirá en su corazón para siempre. Cuando tu hijo está de duelo y lo recuerda, está apreciando todos los momentos que compartieron juntos. Esta parte del duelo es fundamental, así que no sientas la necesidad de protegerlo de su dolor diciéndole que no comparta sus recuerdos. Está bien que un niño vea fotos de su compañero y que escuche historias de otras personas sobre él.

4. *Ayúdale a reconocer su nueva normalidad.*

Parte de la identidad de tu hijo se formó gracias a su animal de compañía. Estuvieron juntos a diario durante mucho tiempo, así que debes ser consciente de cómo ha cambiado. Muchas veces, los padres quieren reemplazar rápidamente al animal que murió, para que su hijo pueda evitar la dolorosa experiencia de entender cómo la pérdida puede haberle cambiado, o cómo ha cambiado su vida cotidiana sin la presencia de su amado compañero. Anima a tu hijo a hablar sobre cómo ha cambiado su vida tras la pérdida. De este modo, le proporcionas una forma de procesar su dolor de forma activa y saludable.

5. *Espera que tu hijo te haga muchas preguntas.*

Es posible que tu hijo haga preguntas muy sencillas, ya que intenta dar sentido al significado y el propósito de la vida. Por ejemplo, mis clientes me han informado que sus hijos les suelen hacer preguntas como: "¿Por qué murió mi perro?" o "¿Qué le pasó a Lola después de morir?".

Recuerda también, que si no sabes la respuesta a estas preguntas, puedes responder simplemente con: "No lo sé". Es fundamental que respondas diciéndole la verdad y con cariño.

6. El luto puede ser un proceso largo.

Tu hijo necesitará apoyo a lo largo de su desarrollo. Además, se afligirá y llorará bastante después de la muerte de su peludo. Por esta razón, tu apoyo será fundamental en los años posteriores. A medida que madure, puedes hablar con él sobre asuntos más profundos, para así ayudarle con su crecimiento interior y desarrollo personal.

7. Anima a tu hijo a diseñar y realizar un funeral o una conmemoración.

Crear y llevar a cabo un funeral u otro evento conmemorativo para su animal de compañía, es una forma saludable de que tu hijo procese la pérdida. Los niños no suelen saber por qué se hace un funeral. Hacerles crear uno para su compañero les ayudará a comprender por qué se hacen y por qué no deben temerlos. Responde sus preguntas, ya que sentirá curiosidad. Crear y realizar un funeral, u otro acto conmemorativo, es un medio poderoso y saludable para que un niño afronte la pérdida.

8. *Ayúdale a elegir un recuerdo significativo.*

Es saludable y curativo preguntarle a un niño afligido si quiere conservar un recuerdo especial de su peludo. Por ejemplo, un mechón de pelo, una pluma, un juguete favorito, una foto o cualquier otro objeto que sea especial. Esto te da la oportunidad de hablar con él, especialmente si está haciendo el duelo en silencio.

Esta es una forma maravillosa de apoyarle, porque le permite expresarse de forma segura y tranquila. Este recuerdo es un objeto que tu hijo seguramente conservará durante muchos años, quizá durante toda su vida.

9. *Respeta la relación que tu hijo tuvo con su animal de compañía.*

Como has aprendido en este libro, cómo responde tu hijo a la muerte de su peludo dependerá de su relación con él y de tus propias reacciones ante la muerte. Cuanto más cercana era su relación, más difícil será su duelo y luto. Adicionalmente, puedes hacer un funeral o un acto conmemorativo para enseñarle los diferentes acontecimientos de la vida y ayudarle a afrontar el duelo de una manera positiva y saludable.

Resumen del capítulo

En este capítulo has aprendido que tanto el duelo como el luto tienen diferentes funciones. Por un lado, el luto es el proceso de adaptación a la vida tras una pérdida, la cual puede ser una forma inestimable y eficaz de procesar los sentimientos. Además, ayudará a tu hijo a recordar a su peludo y a procesar y, eventualmente, aceptar la muerte.

Por otro lado, el duelo es la respuesta emocional a una pérdida. Este proceso es privado, e incluye todas las emociones que genera.

Por último, aprendiste varios consejos sobre cómo acompañar y ayudar a tu hijo en su luto.

Consejos finales

1. Elegir un recuerdo es importante para que tu hijo pueda recordar a su animal de compañía. Es importante que lo pienses de forma detenida, y aproveches la oportunidad para hablar con él sobre cómo se siente.

2. Apoyar una conexión emocional entre tu hijo y su animal de compañía (incluso después de su muerte), se llama un vínculo continuo, que puede ser una forma poderosa de hacer el duelo y sanar.

3. Los sentimientos y pensamientos de tu hijo sobre la pérdida son personales y no serán los mismos que los tuyos o los de otros miembros de la familia.

11

¿Cómo planificar una celebración de vida?

La pérdida de un animal de compañía puede ser la primera vez que tu hijo sufra la muerte de un ser querido. Ayudarle y animarle a celebrar la vida que tuvo con su compañero puede enseñarle a afrontar todo tipo de pérdidas personales. Esta es una lección muy importante que durará el resto de su vida.

He visto, con demasiada frecuencia en mi consulta, a padres que están tan preocupados por sus propias emociones cuando murió su querido peludo, que se olvidan de ayudar a su hijo a afrontar el duelo. También he visto varias veces a padres que protegen a sus hijos de la muerte y los funerales, al ocultarles información esencial.

Dado que la muerte es un tema desconocido para los niños, es tu responsabilidad enseñarles y ayudarles de forma saludable. Mis clientes que ayudan a sus hijos a sobrellevar la situación diciéndoles la verdad y creando algún tipo de evento conmemorativo, evitan que sus hijos sientan que han hecho algo mal y les ayudará a afrontar pérdidas futuras.

Como he mencionado en este libro, el proceso de duelo de tu hijo requiere que seas su guía, para que pueda aceptar la pérdida y ser capaz de hacer el duelo. Invitar a tu hijo a participar en las decisiones, como el entierro, la dispersión de las cenizas y la planificación del funeral, en función de su madurez y de lo que te resulte cómodo, le ayudará bastante.

Cuando consideres la posibilidad de celebrar el funeral de tu peludo, debes tener en cuenta que los niños sienten una curiosidad natural por la muerte. Su edad, su madurez emocional, el apego que tenían con su compañero y tu comportamiento son factores que influyen en la forma en que afrontan su duelo.

En este capítulo, aprenderás cuales son las diferentes formas en las que puedes ayudar a tu hijo tanto a llorar la muerte de su animal de compañía como a conmemorar su vida. Por ejemplo, haciendo un funeral o creando otro tipo de acto conmemorativo.

Por favor, recuerda que si alguien te dice que hacer un evento conmemorativo para un animal es extraño, ¡NO LE HAGAS CASO!

Si le haces caso, estarás saltando un paso muy importante para sanar el dolor de tu familia.

Al apoyar a tu hijo en duelo y analizar las opciones de este capítulo, tu hijo tendrá la oportunidad de recordar respetuosamente la vida de su peludo, y de agradecerle todo los momentos que compartieron.

Además, si permites que tu hijo organice la conmemoración o si dejas que un profesional te ayude a crear un evento personalizado, tu hijo tendrá la oportunidad de despedirse de su amigo. Llevo muchos años ayudando en los funerales y en las conmemoraciones, y he comprobado que celebrar un acto conmemorativo proporciona una ayuda inestimable en el proceso de duelo.

Permitir que tu hijo exprese sus sentimientos y rinda homenaje a su peludo es saludable, normal y esencial.

Análisis de un caso real - *Alejandro y Paloma*

Alejandro y Paloma le pidieron a su hija, Ramona, la cual tenía 10 años, que les ayudara a crear una hermosa conmemoración para su compañero perruno, Bolt. Fue enterrado en su patio trasero. Ramona escribió un elogio hermoso y conmovedor, que rendía homenaje a Bolt.

Invitaron a unos familiares y amigos. Cuando Ramona leyó el elogio, todos la apoyaron y la abrazaron cuando terminó de leerlo.

Alejandro y Paloma me dijeron: "El funeral que creó Ramona fue hermoso. Fue una buena idea hacer un funeral para Bolt, ya que le ayudó bastante a Ramona".

Por último, os quiero compartir el hermoso elogio que escribió Ramona:

"Hola, me llamo Ramona. Quiero dedicar este elogio a mi querido Bolt.

Era mi perro favorito. Me acompañaba todos los días al autobús para ir a la escuela y siempre se sentaba conmigo mientras hacía los deberes por la noche. Lo quería muchísimo, y lo sabía con la cantidad de veces que lo abrazaba.

A Bolt le encantaba que le leyera antes de dormir. Mamá y papá decían que estaba bien dejar que Bolt durmiera en mi cama, y a mí me gustaba porque era muy divertido y nunca me sentía sola ni tenía miedo por la noche, porque Bolt siempre estaba ahí, cuidando de mí. También, le encantaban sus juguetes, su comida y dormir.

Por último, quiero darle las gracias a Bolt por ser mi mejor amigo. Estoy muy contenta de ver que todos mis amigos están aquí en este momento tan especial."

Conmemorando la vida de un animal de compañía

A continuación, se presentan dos formas de conmemorar la vida de tu animal de compañía, que puedes considerar cuando estés preparado.

Funerales

Se trata de un acto conmemorativo o servicio en el que está presente el cuerpo o las cenizas. Este evento se hace poco después de la muerte de tu animal de compañía.

Eventos conmemorativos

Se trata de una celebración o servicio en el que el cuerpo o las cenizas no están presentes. Este acto puede tener lugar cuando lo desees. Se puede celebrar en cualquier momento.

Los beneficios de celebrar estos actos

Hay mucha tristeza en estos eventos, pero, hay momentos de increíble riqueza emocional cuando se celebran. A lo largo de los años, he sido testigo de algunos momentos que han cambiado la vida de los niños que participaron en estos actos. Un funeral o un evento conmemorativo puede ayudar a tu hijo a afrontar el duelo.

Además, estos actos pueden proporcionar a tu hijo:

1. Una oportunidad de despedirse de su peludo.

2. Una oportunidad de saber qué es un funeral, cómo se organiza, por qué se hacen, etc.

3. El espacio para que reconozca, reflexione y honre el increíble papel que el animal desempeñó en su vida.

4. Según su edad, una forma de ayudarle a aceptar que la muerte forma parte de la vida.

5. La oportunidad de compartir los pensamientos, las experiencias y los sentimientos que tuvo con su peludo, así como la participación de amigos y familiares.

6. Una forma de confirmar que la muerte significa que su peludo ya no vive en el mundo físico, sino tal vez en un mundo espiritual, dependiendo de sus creencias.

Más información sobre estas conmemoraciones

Los funerales suelen celebrarse a los pocos días de la muerte y pueden consistir en un velatorio, un servicio formal y un breve rito en la tumba. El ambiente suele ser sombrío y triste, y se hace hincapié en la muerte, el luto y la pérdida.

El funeral puede celebrarse en un cementerio de mascotas o en el patio de tu casa, si la normativa local lo permite. Tu hijo puede invitar a familiares, amigos e incluso a otros animales de compañía. La ceremonia puede incluir música, la lectura de un elogio que tu hijo haya escrito, una celebración después del servicio y tiempo para que los demás compartan sus historias sobre el animal.

Por otro lado, un evento conmemorativo puede celebrarse en cualquier momento tras la muerte. Su función es recordar y celebrar la vida del peludo. A menudo, el ambiente es más positivo. Puede ser pequeño y privado o abierto y elaborado, y puede retrasarse tanto como lo requiera su planificación. Sin embargo, ten en cuenta que si el servicio se celebra en el momento en que la pérdida se siente más profundamente, es más probable que ayude a tu hijo, a ti y a tu familia a expresar y sanar el dolor.

Muchos clientes que han optado por la cremación eligen celebrar un acto conmemorativo, en el cual se esparcen las cenizas en un lugar especial. Muchas veces también se lee un elogio. Intenta que sea lo más cómodo posible para tu hijo y no le obligues a hacer algo que no quiera.

Al igual que un funeral, el evento conmemorativo refleja la relación con su peludo.

Animo a los padres a celebrar de alguna manera a lo largo de la vida del niño, si es apropiado, una conmemoración en un día especial. No tiene por qué ser un evento grande o elaborado. Puede ser tan sencillo como preguntarle al niño: "Hoy es el cumpleaños de Choco, ¿recuerdas cómo le gustaba su galleta de cumpleaños?".

Aspectos importantes a tener en cuenta para la planificación de una conmemoración

A continuación, te presento algunos aspectos que debes tener en cuenta para ayudar a tu hijo a planificar su propia ceremonia conmemorativa de su peludo, teniendo siempre en cuenta su edad y madurez.

1. Tómate un tiempo para planificar lo que te gustaría hacer.

2. Involucra a todos los miembros de la familia, incluido tu hijo y otras personas que puedan estar dispuestas a ayudarte.

3. Pregúntale a tu hijo si quiere celebrar un funeral, un acto conmemorativo o ambos.

4. Teniendo en cuenta las creencias religiosas, las tradiciones y los rituales de tu familia, determina si quieres incluir algún aspecto religioso o si consideras inapropiada su inclusión.

5. Piensa en formas de personalizar el evento para tu hijo.

6. En el servicio, pide a los miembros de la familia y a los amigos que conocieron al animal de compañía que recuerden momentos con él.

7. Decide quién celebrará el servicio, dónde, cuándo, quién hablará y a quién se invitará.

Por último, comprende que es normal y saludable utilizar un funeral o una conmemoración para ayudar a tu hijo a expresar su dolor, proclamar su amor y dar el último adiós a su querido amigo.

Resumen del capítulo

En este capítulo hemos explicado por qué es importante que tu hijo celebre la vida de su peludo con un funeral y/o una conmemoración. Aprendiste la diferencia entre esas dos formas de recordar la vida del animal de compañía y leíste por qué los padres de Paloma hicieron un funeral. También, se presentó una lista en la que se exponen algunos aspectos importantes que se deben tener en cuenta a la hora de planificar las conmemoraciones.

En el próximo capítulo, vas a ver algunas formas extremadamente eficaces para que tu hijo sane, celebre y honre la vida de su peludo.

Consejos finales

1. Tu hijo se beneficiará de honrar a su querido compañero con un funeral u otro tipo de conmemoración.

2. Los funerales son formas de celebrar los aspectos positivos de una vida, en lugar de expresar el pesar.

3. Un funeral es un medio formal, en el cual tu hijo entenderá que la muerte es definitiva e irreversible.

12

Formas creativas de conmemorar la vida de un animal de compañía

Uno de los ejercicios más importantes que comparto con los padres para que ayuden a sus hijos a afrontar el duelo, es apoyarles con un proyecto creativo. Por ejemplo, escribir una carta de amor, crear un álbum de fotos o crear un homenaje. Esto le ofrecerá a tu hijo una forma saludable de llorar y celebrar la vida de su peludo.

Un homenaje proporciona una forma muy especial de sanar el dolor. Es una manera diferente de procesar la muerte. Decirle a su compañero cómo lo quería a través de un homenaje es una forma saludable de expresar sus recuerdos, experiencias y gratitud por los momentos que compartió con su querido peludo, ya sea un gato, un perro, un caballo, un pájaro, un hámster, un conejo o cualquier otro animal al que quería y con el que tenía un vínculo cercano.

En este capítulo, vas a conocer tres formas diferentes en las que tu hijo puede celebrar la vida de su animal de compañía con un enfoque saludable y positivo. Hay otras formas de crear un homenaje para un compañero tan querido. Las tres que comparto a continuación son las que mis clientes realizan con más frecuencia con sus hijos.

Crear un álbum de fotos

Un álbum de fotos es una forma perfecta para que un niño al que no le gusta escribir o dibujar, pueda crear algo que celebre y honre a su peludo. Esta actividad ofrece un medio para transformar los sentimientos negativos en algo positivo.

Miguel y Belén pidieron a su hijo Carlos (de ocho años) que les ayudara a crear un álbum de fotos cuatro semanas después de la muerte de su perro, Jack. Miguel y Belén afirman que esta actividad ayudó a Carlos a conservar los momentos felices y todas las actividades que él y Jack habían compartido. Incluía fotografías, dibujos que Carlos había hecho de pequeño y tarjetas que sus amigos le habían enviado tras la muerte de Jack.

Al principio, cuando Miguel y Belén me llamaron, estaban preocupados por su hijo, porque parecía que por muy sinceros y solidarios que fueran con Carlos, les faltaba algo. Con mi orientación, esta familia creó un hermoso homenaje para celebrar el amor, la lealtad y el compañerismo que Jack había proporcionado. Carlos pudo sentirse feliz y recordar los momentos que había vivido con Jack como algo positivo. Crear un álbum de fotos fue una actividad poderosa y reparadora para Carlos y su familia.

Crear un homenaje

Esta es otra actividad beneficiosa para llorar y celebrar la vida que tu hijo tuvo con su peludo. Al igual que los álbumes de fotos, es apropiada para cualquier edad y puede ser tan elaborada como el niño quiera. He tenido clientes que han creado un homenaje pintando, dibujando o escribiendo un mensaje en un documento de Word en el ordenador. También, diseñar un homenaje te da la oportunidad de dialogar con tu hijo.

Conocí una familia que se divirtió al realizar esta actividad. Primero, se reunieron y luego todos se sentaron alrededor de la mesa del comedor con sus ordenadores. El proyecto consistía en que cada uno creara su propio homenaje a su pastor alemán, Max. Cuando me enviaron las copias finales por correo electrónico, pude ver la alegría y el amor que sintieron por su compañero perruno.

Para que comenzaran, ayudé a la familia con las pautas sobre lo que debían incluir en su homenaje. Una vez que conversaron entre ellos y recordaron a Max, empezaron a añadir más elementos a su homenaje. Fue una experiencia increíble para ellos.

Seis años después, los padres me informaron: "Cada año, en el aniversario de la muerte de Max, nos reunimos y leemos nuestros homenajes en el cementerio donde está enterrado. Nos unió en ese momento, y le estamos eternamente agradecidos".

Esto es lo que debe incluir tu hijo preparado para comenzar a crear su homenaje:

1. Un papel o documento de Word en un dispositivo digital.

2. Una foto de su compañero.

3. Un breve homenaje de tres o cuatro frases.

4. Una lista de apodos.

5. Fecha de nacimiento y fecha de fallecimiento.

6. Nombre completo de su peludo.

Una vez recopilada toda esta información, tu hijo puede empezar a diseñar un homenaje especial que luego podrá enmarcar. Un aspecto de este ejercicio que encuentro beneficioso es que los homenajes son relativamente fáciles y divertidos de crear, y cada uno es único.

Escribir una carta de amor

Escribir una carta de amor es una buena manera de que tu hijo exprese su amor y aprecio a su compañero. Además, lo puede usar como una despedida.

A menudo la escritura no es una de las actividades favoritas de los niños. Si a tu hijo no le gusta escribir, le puedes sugerir que intente hacerlo una vez, para que pueda determinar si le gusta o no esta actividad. O, como hacen algunos de mis clientes, pregúntale a tu hijo qué le gustaría decir y escríbelo tú.

Las siguientes preguntas le ayudarán a escribir la carta de amor:

1. ¿Te acuerdas de la primera vez que trajimos a tu compañero a casa? ¿Qué pasó? ¿Cómo te sentiste?

2. Haz una lista de todo lo que habéis hecho juntos. ¿Qué edad tenías? ¿Qué solías hacer con él?

3. ¿Qué cosas te gustaban de tu peludo?

Aquí te presento algunas cartas que escribieron los hijos de mis clientes:

La carta de Carmen (de nueve años) que escribió a su gato, Andrés:

"Querido Andrés,

Me gustaba mucho verte cuando hacía los deberes, me hacías reír. Los deberes a veces son aburridos, pero no lo eran cuando estaba a tu lado.

Además, eras muy mono. Me gustaba tu pelaje marrón y tus patas blancas, y tus bigotes me hacían cosquillas cuando te besaba.

Te echo de menos, pero cuando tenga mi próximo gato, le voy a hablar de ti.

Te quiero mucho Andrés, siempre serás mi mejor amigo.

Amor y Besos,

Carmen."

Carta de Martina (de doce años) a su perro, Enzo:

"Querido Enzo,

Eres mi mejor amigo. Tu pelaje blanco era muy bonito y me encantaba cuidarte.

Me gustaba el juego al que jugábamos juntos todos los días cuando llegaba a casa del colegio. Me tirabas una pelota y yo siempre la lanzaba. Cuando lo hacía, me encantaba oírte ladrar de la alegría.

Te echo de menos cada día y nunca te olvidaré.

Con mucho amor y cariño,

Martina."

Resumen del capítulo

En este capítulo te he presentado tres formas creativas en las que tu hijo puede expresar el amor que sentía por su peludo. Hay muchas actividades imaginativas que permiten a los niños expresarse y rendir homenaje a sus animales de compañía. Los tres que he enumerado en este capítulo son las opciones favoritas de los hijos de mis clientes.

Cuando encuentres una actividad creativa que se adapte a la personalidad de tu hijo, has encontrado una forma en la que puede expresar su dolor de una manera muy saludable. El homenaje que crea para su amigo será un recuerdo duradero para celebrar la relación que tuvo con él.

Cuando nuestros hijos celebran la vida de sus peludos, también están aprendiendo a respetar a otros seres vivos. Esta valiosa lección puede tener un efecto tremendo en su desarrollo personal.

En el siguiente capítulo, vamos a analizar cuándo y si se debe acoger a otro animal de compañía. Además, compartiré ocho consejos importantes que hay que tener en cuenta a la hora de tomar esta decisión, así como algunos casos que muestran cómo varias familias tomaron esta decisión.

Consejos finales

1. Si fomentas la creatividad de tu hijo, le estás ayudando a expresarse de distintas maneras.

2. Cuando tu hijo crea un homenaje a su peludo, está creando un recuerdo para toda su vida.

3. Homenajear al animal de compañía de un niño, es una forma especial de ayudarle a sanar su dolor.

13

¿Cuándo se debe acoger a otro animal de compañía?

Mis clientes muchas veces me preguntan cuándo deberían acoger a otro animal de compañía. Pero, no hay un plazo predeterminado o un tiempo recomendado para tomar esta decisión, ya que hay que considerar varios factores.

Debes tener en cuenta cómo te sientes y cómo se siente tu hijo. Es muy importante tener esto en cuenta, ya que es importante que cada persona procese la pérdida y el duelo antes de acoger a otro peludo.

Además, hay que tener en cuenta otros aspectos como la edad de tu hijo, si ahora quiere otro animal y cuándo le parece apropiado traer a casa un nuevo miembro de la familia. Ten en cuenta que es perfectamente normal tomarse un tiempo antes de tomar esta decisión. Este es un momento en el que puedes hablar y reflexionar con tu hijo.

Cuando llegue el momento en el que te sientas preparado para traer a otro animal de compañía a tu hogar, ten en cuenta las necesidades y los sentimientos de tu hijo. Tu hijo ha creado un vínculo muy fuerte con el peludo que perdió, y puede pensar que si ama a un nuevo compañero, está siendo desleal con el anterior.

Asegúrate de que todos los miembros de tu familia han procesado la pérdida. Cuando todos los miembros se sientan preparados, puedes iniciar una discusión familiar. Asimismo, es muy importante que escuches a tu hijo.

Este período de reflexión permite que todos investiguen qué animal de compañía les gustaría tener. También, es posible que tu hijo quiera ahora otro animal diferente.

Algunos de mis clientes prefieren acoger a un nuevo perro, gato u otro tipo de animal poco después de la muerte de su anterior compañero. Sin embargo, para otros, puede pasar mucho tiempo antes de que se sientan preparados. Por esta razón, es muy importante saber si tu hijo está preparado o no.

Tómate su tiempo y escucha lo que te dice tu corazón. Analiza los aspectos prácticos, como las finanzas y el animal adecuado para traer a tu hogar, y luego vuelve a examinar tus sentimientos para saber si tu mismo estás preparado.

Mis clientes Emiliano y Laura no querían vivir en un hogar sin un animal de compañía. Su hijo Rubén, tenía 11 años cuando murió su compañero perruno, Coco. Se sentía muy mal cuando llegaba a casa del colegio y no escuchaba los alegres ladridos de Coco. Pero, la tristeza de Rubén se alivió rápidamente cuando adoptaron a un nuevo amigo canino. Para ellos, esta fue la elección correcta.

Sin embargo, mis clientes Hernán y Paula, y su hijo, Javi, (de 14 años), necesitaron bastante tiempo para llorar la pérdida de su amigo perruno, Henry. Javi no quería apresurarse a tener otro peludo, porque pensaba que no sería adecuado.

Aunque algunos niños, como Rubén, quieren un adoptar un peludo lo antes posible, otros, como Javi, prefieren esperar más tiempo. Hasta hay algunos niños que no quieren tener otro peludo, ya que no quieren sentir el dolor de perder a un compañero tan querido otra vez.

Aspectos importantes a tener en cuenta antes de acoger a otro animal de compañía

1. Si decides acoger a otro peludo, puedes volver a sentir el dolor de perder a tu primer compañero, así pienses que la hayas superado. Lo mismo puede suceder con tu hijo.

2. No hay un momento correcto o incorrecto para traer a otro animal de compañía a tu familia. Depende de tu hijo y de tu familia. Hay algunos aspectos que hay que tener en cuenta para estar seguro de que tu hijo está realmente preparado, pero no hay reglas rígidas a la hora de tomar esta decisión.

3. No te precipites. Necesitáis tiempo para llorar y reflexionar. También, no dejes que alguien te diga cuál es la decisión correcta ni te presione a acoger otro peludo.

4. Tu nuevo animal de compañía no debe considerarse un "sustituto". Cada animal es único, aprecia sus diferencias. Tampoco es exactamente igual al anterior.

5. Es importante involucrar a todos los convivientes en esta decisión. Particularmente, ten en cuenta las necesidades y los sentimientos de tus hijos. Puede que se sientan desleales con su anterior peludo si se acoge a otro. Todos los miembros de la familia deben haber llorado la pérdida de su anterior amigo.

6. Dado que el nuevo compañero de tu hijo comienza una nueva relación con todos los miembros de la familia, puede ser muy difícil afrontar el duelo si tiene el mismo nombre que el anterior.

Intenta ponerle un nombre nuevo que refleje su personalidad, sus características físicas, etc.

7. No esperes que el nuevo animal de compañía tenga las mismas características que el anterior. Como alternativa, anima a tu hijo a pensar en su nuevo amigo como un animal único.

8. Si tienes otros animales en casa, piensa si podrían disfrutar o resentir su nuevo compañero. Algunos llorarán la pérdida de su compañero fallecido, debido a esto, será importante para su salud y bienestar, que le enseñes a tu hijo formas de apoyar a los otros animales.

Finalmente, la decisión de acoger o no a un nuevo animal de compañía, depende de cómo te sientes y cómo se siente tu hijo. Si sientes que el duelo ya no afecta vuestra vida cotidiana, puedes introducir fácilmente otro animal en la vida de tu hijo.

Cuando mis clientes me dicen que estuvieron en la protectora local y encontraron el peludo perfecto, pero se preguntan si es el momento adecuado de adoptarlo, les recuerdo que esperen un momento, respiren y confíen en lo que sienten en sus corazones y en lo que hablaron con su hijo. Si hay confusión o duda, puede ser que aún no están preparados. Sin embargo, si ambos han llorado la muerte de su anterior compañero y quieren tener a otro peludo en su casa, puede ser el momento perfecto para que hagan la adopción.

Por último, si no estás convencido de que tú y tu hijo estáis preparados, siempre existe la opción de ser voluntario o, al menos, visitar una protectora de animales en tu localidad. Podrás pasar tiempo abrazando, socializando y, quizás, acogiendo un animal necesitado. Además tu hijo podrá compartir su amor con un nuevo peludo. Esta es una manera excelente de que experimente el poder del vínculo humano-animal y posiblemente descubra un nuevo compañero.

Resumen del capítulo

En este capítulo, has aprendido a analizar tus sentimientos y a sentirte seguro a la hora de elegir un nuevo animal de compañía para tu hijo. Adicionalmente, has comprendido la importancia de saber cómo se siente tu hijo y tu familia y cómo esto puede afectar la decisión. También, enumeré ocho aspectos importantes que hay que considerar antes de tomar esta decisión.

Asimismo, leiste las historias de Emiliano, Laura y Rubén, y cómo era importante para ellos adoptar un nuevo compañero perruno casi inmediatamente después de la muerte de Coco. Sin embargo, Hernán, Paula y Javi decidieron esperar hasta que procesaran su dolor. Ambas familias tomaron decisiones, aunque diferentes.

Consejos finales

1. Está bien tomarte un tiempo antes de acoger a otro animal de compañía.

2. Aunque el nuevo peludo le proporcionará alegría y felicidad a tu hijo, debes ser consciente de que puede sentir dolor inesperadamente por la pérdida de su anterior compañero.

3. Siempre hay espacio en el corazón para amar a otro animal de compañía. No dejes que el dolor te detenga, tu hijo también apreciará que lo superes.

Conclusión

Los animales enseñan, deleitan y acompañan a nuestros hijos. Se estima que cuatro de cada diez niños comienzan su vida en una familia con animales domésticos, y hasta el 90 por ciento de todos los niños han vivido con un animal de compañía en algún momento de su infancia.

Tener un animal de compañía puede darle a tu hijo aventuras, lecciones de vida, responsabilidades, comodidad y seguridad, aprender nuevas habilidades y crear vínculos familiares. Crean recuerdos que serán apreciados y recordados para siempre. Estos momentos ayudan al niño a crecer y prosperar.

Juntos, un animal de compañía y tu hijo pueden darse un increíble sentido de propósito y alegría. Le hará conocer a otras personas, la naturaleza, el universo y nuevas formas de ver la vida. Además, puede darle estabilidad y satisfacer ciertas necesidades emocionales que quizá no hayan sido satisfechas por la familia, los amigos y los profesores. Los niños y sus peludos pueden hacer que la vida del otro esté llena de propósito y diversión.

Sin embargo, por desgracia, también habrá un momento en el que el animal de compañía de tu hijo le enseñará que todos los seres vivos mueren. Tu hijo experimentará varias emociones debido a la pérdida, algunas de las cuales pueden ser difíciles de comprender.

Los animales domésticos son maestros cariñosos, compasivos y honestos sobre la vida y proporcionan oportunidades para la sanación emocional y el crecimiento personal. Tenerte a ti, como su padre o madre, para apoyar su viaje es primordial.

Varios estudios han demostrado que el vínculo humano-animal tiene una capacidad innata para curar las heridas emocionales. Los animales son capaces de reconfortarnos con un amor incondicional y ayudarnos a superar los duros golpes de la vida. Le darán a tu hijo la fuerza y el coraje para avanzar por la vida con dirección. No importa el animal que elijas para tu hijo, si tiene un fuerte vínculo con él, se convertirá en una increíble experiencia de aprendizaje para ambos.

Es posible que tu hijo no haya sufrido una pérdida previamente y, por lo tanto, no se haya enfrentado a la irreversibilidad de la muerte. Esta es probablemente la verdad más difícil que tenemos que compartir con nuestros hijos. Dado que los niños prosperan con honestidad y creatividad, hay formas de ayudarles a hablar de lo que sienten.

Una respuesta honesta puede parecer dura, o incluso cruel, y puede parecer más fácil responder a las preguntas de un niño con ocultarle verdad. No quieres que tu hijo sufra y quieres protegerlo. Pero, cuando eres honesto sobre la muerte, tus palabras servirán para fomentar el amor y la confianza con tu hijo. Además, le ayudarás a que se convierta en un adulto sano y que pueda afrontar de la manera más óptima futuras pérdidas.

Si tienes un animal de compañía en tu hogar, tu hijo aprenderá sobre el amor, la compasión y la honestidad. Además, tendrá un profundo respeto con su entorno y el mundo que le rodea.

Como tendemos a evitar hablar sobre temas negativos (como la muerte), los adultos tendemos a reprimir las emociones y a esperar que, si no decimos nada, desaparezcan. Pero los niños, por naturaleza, son observadores astutos y entre el 70% y el 90% de nuestra comunicación es no verbal. Se dan cuenta de que algo va mal con solo observarnos. Nuestro lenguaje corporal, las expresiones faciales, lo que decimos y lo que no decimos, son formas de comunicarnos con nuestros hijos.

Para evitar la confusión sobre las emociones negativas en tu familia, te insto a que hables abiertamente sobre la muerte con tu hijo cuando su animal de compañía esté llegando al final de su vida.

Modela comportamientos saludables como los que se han presentado en este libro y muéstrale que es normal sentirse triste por la pérdida de su compañero

Es de esperar que tanto tú como su hijo os sintáis desorientados tras la pérdida de vuestro peludo. También puede que te sientas aislado, irritado, perplejo, desconcertado, confundido, etc. Sentirse así es normal tras una muerte. Simplemente respira y escucha mientras le apoyas a afrontar el duelo.

Ten en cuenta que el vínculo que tu hijo tuvo con su peludo era completamente único. Por lo tanto, lo que experimenta tras la muerte de su animal de compañía va a reflejar su personalidad, la de su compañero y todos los momentos que compartieron juntos.

Prepárate para tomar algunas decisiones difíciles y desafiantes que exigirán tu atención, y que requerirán que digas la verdad. Es importante que seas capaz de tomar estas decisiones sin arrepentimiento, culpa o remordimiento.

Tu trabajo ahora es ayudar a tu hijo a hacer el duelo y a experimentar los cambios en su vida. Ayúdale a aprender de esta vivencia y a llenar de nuevo su corazón con amor y cariño.

Permite y ayúdale a que sienta sus emociones y celebre la vida que tuvo con su compañero con actividades de apoyo y sin prejuicios, con amigos, familiares, grupos de apoyo o un profesional.

Los cambios que tu hijo está experimentando ahora y sus sentimientos pueden tener un tremendo impacto en su crecimiento personal. Este libro te ayudará, mostrándote varias opciones sobre cómo puedes ayudar a tu hijo.

Por último, si necesitas más recursos para afrontar el duelo por la pérdida de un animal de compañía, visita mi sitio web (https://www.afrontandolaperdidadetumascota.com), que también aparece en la sección de "Más Recursos" al final de este libro. Hay varios recursos que ayudarán a tu hijo a afrontar el duelo de la mejor manera, para que recuerde a su amigo con ternura y amor, y no con dolor.

Conclusión final

Todos los niños se beneficiarán de compartir sus vidas con un animal de compañía. Prosperarán, al desarrollar y mantener un vínculo tan profundo en su corazón con un ser tan maravilloso. Tu hijo seguirá recordando todos esos momentos que compartió con su querido peludo, y todas las lecciones que le enseñó sobre la vida.

Gracias por leer este libro

Muchísimas gracias por haber leído este libro. Espero que te haya servido durante este momento tan doloroso.

También, espero que tu hijo pueda recordar a su animal de compañía con mucho amor en vez de recordarlo con dolor. Puedes pensar que la mejor manera de respetar su pérdida es continuar con vuestra vida. Seguramente vuestro querido compañero no hubiera querido que estuvierais el resto de vuestra vida lamentando la pérdida. Habría querido que dejarais de lado el dolor y volvierais a encontrar la felicidad, como cuando estabais en su compañía

Finalmente, quiero recalcar la necesidad de expresar todos vuestros sentimientos y no limitaros a las necesidades y expectativas de los demás. Aunque mucha gente no entiende el dolor de perder a un compañero tan amado, debéis entender que es importante llorar una pérdida tan íntima e ignorar los comentarios negativos de otras personas.

Por favor comparte este libro con tus amigos y tus redes sociales si crees que puede ayudar a otros amantes de los animales a ayudar a sus hijos a pasar por esta etapa tan triste y dolorosa.

Además, agradecería cualquier valoración o reseña que quieras dejar.

Si necesitas ponerte en contacto conmigo o quieres saber más sobre los servicios que ofrezco puedes mandarme un correo electrónico o visitar mi página web (https://www.afrontandolaperdidadetu mascota.com).

Correo electrónico: santiago@afrontandolaperdidadetumascota. com

Más recursos

Si quieres saber más sobre los futuros lanzamientos, puedes suscribirte de forma gratuita a mi boletín, en el cual recibirás artículos y extractos de libros antes de que se publiquen. El boletín es gratuito.

También puedes descargar un libro gratuito, el cual es un resumen de todo lo que debes saber para poder afrontar la pérdida de tu animal de compañía. Asimismo, puedes descargar un diario de duelo gratuito y 10 recordatorios diarios. Puedes hacer todo esto en la siguiente página web: https://www.afrontandolaperdidade tumascota.com

Por último, si necesitas ponerte en contacto conmigo, puedes hacerlo desde la misma página web o a través de mi correo electrónico

Correo electrónico: santiago@afrontandolaperdidadetumascota. com

www.ingramcontent.com/pod-product-compliance
Lightning Source LLC
Chambersburg PA
CBHW071517150726
48000CB00002B/580